DERECHO ECLESIÁSTICO
DE LAS AMÉRICAS
Fundamentos socio-jurídicos
y notas comparadas

DERECHO ECLESIÁSTICO DE LAS AMÉRICAS
Fundamentos socio-jurídicos y notas comparadas

Marcos González Sánchez
Antonio Sánchez-Bayón

Prólogo de
Isidoro Martín Sánchez

Colabora:

Instituto Metodológico
de Derecho Eclesiástico
del Estado

DERECHO ECLESIÁSTICO DE LAS AMÉRICAS
Fundamentos socio-jurídicos y notas comparadas
MARCOS GONZÁLEZ SÁNCHEZ
ANTONIO SÁNCHEZ-BAYÓN

Editor gerente   Fernando M. García Tomé
Diseño de cubierta   Delta Publicaciones Universitarias, S.L.
Preimpresión   Delta Publicaciones Universitarias, S.L.
Impresión   FER Impresores

Trabajo realizado en el marco del Proyecto de Investigación I+D: "La libertad religiosa en España y en Derecho Comparado: su incidencia en la Comunidad de Madrid", financiado por la Consejería de Educación de la Comunidad de Madrid (Convocatoria I+D 2007), Ref. S2007-Hum-0403. Investigador Principal: Isidoro Martín Sánchez.

ISBN 978-84-92453-66-5

Depósito Legal: SE-2519-2009

Printed by Publidisa

(0409-200)

Prólogo

En cualquier estudio de derecho comparado sobre libertad religiosa debe partirse de la premisa de que en prácticamente todos los ordenamientos jurídicos internacionales y nacionales, se encuentra una normativa específica, más o menos extensa, dirigida a regular de una manera específica el factor religioso. Ello es debido a que —como señalara hace bastantes años Jemolo— la pertenencia a unas creencias religiosas origina unos grupos de una intensidad, de una estabilidad y de una fuerza tales que no son comparables a los generados por la adhesión a otras convicciones o ideas.

Ahora bien, la existencia de esta normativa no ha dado lugar en todos los países a un estatuto autónomo de la misma y, menos aún, al reconocimiento de una disciplina jurídica específica en el ámbito universitario. Como es sabido, el Derecho Eclesiástico como rama autónoma de la ciencia jurídica existe y tiene una amplia tradición sólo en algunos países europeos. Entre ellos, cabe citar especialmente Alemania, Italia y España. Ello no es óbice, evidentemente, para que en otros países se estudie la normativa referente al factor religioso, si bien incluida en el contenido de otras disciplinas jurídicas.

En Latinoamérica asistimos a un reciente y brillante desarrollo de esta disciplina, el cual sigue las directrices marcadas, sobre todo, por la doctrina italiana y española. Distinto es el caso de los Estados Unidos y de los países americanos de influencia anglosajona. En ellos, el estudio de la materia eclesiástica —por emplear una denominación convencional— es compartido por diversas disciplinas jurídicas, históricas y sociológicas.

Desde otro punto de vista, es preciso señalar que en el estudio de los temas clásicos del Derecho Eclesiástico —las relaciones entre el Estado y las confesiones y el derecho de libertad religiosa en su vertiente tanto individual como colectiva— asistimos en la actualidad al empleo de una metodología diversa de la estrictamente jurídica, de carácter preponderantemente formalista, utilizada tradicionalmente.

A este respecto, refiriéndonos al examen de las relaciones del Estado con las diversas confesiones, es preciso poner de relieve la insuficiencia e ineficacia del intento de clasificar los diversos sistemas existentes sobre esta cuestión, así como de calificar la posición estatal en relación con la misma, atendiendo exclusivamente a fórmulas apriorísticas y al simple examen de la legislación. En contra de este criterio, resulta evidente, por el contrario, que dicha clasificación y calificación —en la que juegan un papel importante no sólo los datos jurídicos sino también los elementos históricos— sólo pueden ser empíricas. Es decir, aplicables a un determinado ordenamiento jurídico en un concreto período de tiempo y, por tanto, desprovistas de la categoría propia de un concepto absoluto e intemporal.

De la misma forma, para ofrecer una visión adecuada de la situación real de la libertad religiosa existente en un determinado país, no basta con examinar sólo los textos normativos en los que ésta se reconoce y garantiza. Se requiere, además, tener en cuenta determinados datos sociológicos —tales como la composición de la sociedad en materia religiosa y la influencia en la misma de las diversas iglesias-políticos— en este punto, son decisivas la posición de los diversos partidos respecto de la cuestión religiosa, así como sus concretas políticas legislativas sobre ella —y jurídicos— entre ellos, el desarrollo legislativo de los principios constitucionales, la praxis administrativa y la interpretación jurisprudencial.

Asimismo, desde la perspectiva metodológica, resulta obligado destacar la importancia de la utilización del derecho comparado en el Derecho Eclesiástico o, por decirlo con mayor precisión, del empleo del método comparativo en el estudio de esta rama de la ciencia jurídica. El interés por el derecho comparado, el cual ha sido una constante desde los inicios de esta disciplina, obedece a que el Derecho Eclesiástico requiere por su propia naturaleza un estudio comparativo. Entre otras razones, cabe señalar —como ha recalcado la doctrina italiana— las siguientes.

En primer lugar y desde un punto de vista interno, debido al objeto mismo de este particular sector de la ciencia jurídica. En efecto, dado que uno de los aspectos del contenido del Derecho Eclesiástico está integrado por la relación entre el ordenamiento jurídico estatal y los de las confesiones religiosas, su estudio exige necesariamente el empleo de una metodología comparativa.

Una segunda razón, desde una perspectiva externa, radica en que la comparación entre la posición de los diversos ordenamientos estatales respecto del factor religioso es un presupuesto necesario para la configuración de los sistemas de relación entre el Estado y las confesiones, las cuales integran, como hemos señalado, uno de los contenidos básicos del Derecho Eclesiástico.

En tercer término, debe tenerse en cuenta que el empleo del método comparativo en el estudio del Derecho Eclesiástico ha experimentado una creciente importancia como consecuencia de la proliferación de los instrumentos internacionales de derechos humanos, los cuales garantizan —entre otros derechos y libertades— las de pensamiento, conciencia y religión. El estudio comparado de los sistemas jurídicos estatales permite individualizar los principios comunes existentes entre ellos. Comunidad de principios debida tanto a la influencia en estos sistemas de conceptos contenidos en los mencionados instrumentos —tales como sociedad democrático, orden público, moral pública, etc.— como a la de su interpretación jurisprudencial realizada por los organismos jurisdiccionales internacionales.

Finalmente y en estrecha relación con cuanto acabamos de manifestar, no puede obviarse que el método comparativo tiene como finalidades últimas la consecución de la universalidad del derecho y de la ciencia jurídica, así como la tendencia a la unificación normativa. Especial importancia en esta labor unificadora tienen en el ámbito del Derecho Eclesiástico los mencionados instrumentos internacionales de derechos humanos, los cuales actúan como factor de homogeneización y por tanto de erosión de los extremismos que puedan existir en materia de relaciones entre los Estados y las confesiones y de protección de la libertad religiosa en los ordenamientos nacionales.

Un ejemplo significativo de la función unificadora de los instrumentos internacionales es el Convenio Europeo de Derechos Humanos. Así, en virtud de lo establecido en el Tratado de Lisboa, de 13 de diciembre de 2007, el artículo 6,2 del Tratado de la Unión Europea ha dispuesto la adhesión de la Unión a dicho Convenio. Esta adhesión refuerza la ratificación del Convenio realizada por los Estados miembros y reafirma la obligación de los ordenamientos nacionales de respetar el nivel mínimo de protección de los derechos humanos y de las libertades fundamentales reconocidos en este instrumento internacional. Ello comporta, indudablemente, el establecimiento de un principio de unificación de los sistemas jurídicos nacionales respecto de la regulación, entre otros derechos fundamentales, de la libertad religiosa.

La utilización del método comparativo en el estudio del Derecho Eclesiástico permite por tanto, entre otros aspectos, comprobar el grado de homogeneización alcanzado por los Estados en razón de su mayor o menor acomodación a los instrumentos internacionales de derechos humanos.

El presente libro es fruto de esta preocupación metodológica comparativa. En efecto, en una notable labor de síntesis —la cual implica por su propia naturaleza un amplio conocimiento de los temas tratados— los autores, jóvenes profesores universitarios sobradamente conocidos por su labor investigadora, llevan a cabo un estudio comparado de la regulación de la libertad religiosa en el extenso ámbito americano y de la actividad, tanto docente como científica, surgida en torno a esta materia.

En su labor comparativa, los autores no se limitan a estudiar los modelos de relación con las confesiones existentes en los distintos Estados americanos y la normativa de estos —unilateral y pacticia— sobre la libertad religiosa, mediante una simple yuxtaposición de textos legales. Por el contrario, utilizando la sociología jurídica, exponen algunas cuestiones referentes a la configuración social y política existente en los diferentes países en relación con el factor religioso.

Así, respecto de Estados Unidos, ponen de relieve la política religiosa de algunos de sus Presidentes y, entre ellos, la de Clinton que estuvo dirigida a la reducción de la presencia de entidades eclesiásticas en las cuestiones sociales a favor de las organizaciones no gubernamentales laicas. Igualmente, en relación con este país, se refieren al reconocimiento legislativo de las peculiaridades culturales y religiosas de los indios norteamericanos.

En el ámbito latinoamericano, destacan el grado de implantación social de las diferentes iglesias y el creciente protagonismo de los ordenamientos indígenas que han sido reconocidos incluso a nivel constitucional, por algún Estado.

Por otra parte, los autores subrayan las similitudes —aconfesionalidad, reconocimiento de la libertad religiosa individual y colectiva, otorgamiento de la personalidad jurídica civil a las entidades eclesiásticas— y las diferencias —distinta posición jurídica de las confesiones, existencia o no de acuerdos entre éstas y el Estado, sistemas de financiación estatal y regulación del factor religioso en algunos ordenamientos mediante leyes específicas de libertad religiosa— existentes en los diversos países.

Con esta impronta metodológica, de cuyo empleo hemos mencionado algunos ejemplos, los autores consiguen ofrecernos una exposición especialmente completa y eficaz de los temas tratados en su trabajo. Un elemento importante, que coadyuva a esta eficacia, es la inclusión de un extenso Anexo en el cual se recoge la normativa, de distinta naturaleza jurídica, sobre libertad religiosa de todos los Estados examinados.

Por todo ello, creo que es de justicia felicitar a los profesores Marcos González Sánchez y Antonio Sánchez-Bayón y agradecerles este profundo y novedoso estudio sobre el que podemos denominar, utilizando el título del libro, Derecho Eclesiástico de las Américas.

ISIDORO MARTÍN SÁNCHEZ
Catedrático de Derecho Eclesiástico del Estado
Universidad Autónoma de Madrid

Contenido

Presentación

La razón principal que justifica nuestro especial interés en la realización de este estudio, ha sido la gran la oportunidad que nos brinda la elaboración de los nuevos Planes de estudio de las Facultades de Derecho españolas, dada su inmediata y necesaria adaptación a las Directrices que impone el Espacio Europeo de Enseñanza Superior (EEES). El nuevo currículo se representa como una dimensión de la educación universitaria que abarca conocimientos, competencias, procesos, resultados y actividades formativas, que implican tanto a estudiantes como a profesores.

Un título como el propuesto, *Derecho Eclesiástico de las Américas. Fundamentos socio-jurídicos y notas comparadas*, requiere de ciertas consideraciones previas, para el mejor aprovechamiento de la lectura del presente trabajo.

Quizá, la menos cuestionable de las observaciones apriorísticas es la relativa al *Derecho Eclesiástico*, al tratarse de una disciplina jurídica de abundante literatura aclarativa de su peculiar nombre y objeto de estudio. Ahora bien, la originalidad del trabajo radica en su capacidad de fusión del Derecho Eclesiástico con la Sociología Jurídica para comprender con mayor acierto el sincretismo –palabra mágica a tener en cuenta a lo largo de la obra- acaecido en las Américas, así como el estudio de la materia, sus enfoques, métodos, etc.

En cuanto a la denominación de las Américas, ésta alude al rico crisol cultural hemisférico compuesto por muy diferentes países y un inmenso territorio que abarca desde la Tundra a la Patagonia, pasando por las Grandes llanuras y lagos, Mesoamérica y Caribe, América andina y amazónica, etc., y todo ello afectado por el influjo anglosajón y mediterráneo. En la mentalidad anglosajona, cuando se hace referencia al territorio se habla de Américas, pero el gentilicio americans sólo se reserva para los estadounidenses; en la mentalidad mediterránea, en cambio, todo se entiende como un conjunto y se designa con alcance hemisférico –tal y como siguen haciendo los latinoamericanos–. El presente estudio aboga por la concepción de las Américas, como fórmula de fusión de mentalidades (de antropologías angloamericanas, latinoamericanas, indoamericanas, etc.) y por el sentido holístico que aporta el término. Dicho con otras palabras, en vez de tener en cuenta y de forma aislada cada una de las piezas del puzzle, se concibe el mismo en su conjunto, pues la integración de las diversas realidades sociales hemisféricas es más rica en significados que la mera suma de sus partes componentes.

También se llama la atención sobre la estrategia expositiva y explicativa a seguir, que tal y como avanza el subtítulo del trabajo *Fundamentos socio-jurídicos y notas comparadas*, deja claro el interés por descubrir el sentido de las reglas mínimas comunes a las Américas, sin dejar de intentar abordar con rigor los supuestos de regulación local más sobresalientes –con rigor no quiere decir de forma exhaustiva y definitiva–.

El trabajo ha sido dividido en seis apartados. En el primero se aborda el concepto de Derecho Eclesiástico. Tal expresión es consecuencia de una larga evolución del concepto y consideramos necesario, desde el primer momento, intentar aclarar cual es su objeto de estudio y qué se entiende por Derecho Eclesiástico (las normas estatales relativas al factor social religioso). En el siguiente apartado se trata de exponer como se produce el trasvase del Derecho Eclesiástico al marco de las Américas y como se viene estudiando la cuestión. Lo que resulta evidente, y ponemos de manifiesto los datos, es que en las dos últimas décadas su análisis ha experimentado un notable desarrollo y crecimiento en los ámbitos universitarios latinoamericanos.

A continuación se analiza brevemente las relaciones Iglesia-Estado de carácter histórico para comprender cuál ha sido la influencia e impacto en el marco de las Américas. Debemos tener presente que la actual Latinoamérica, desde 1492 hasta el inicio de los procesos de independencia en el s. XIX, ha estado bajo el influjo cultural de España y Portugal –principalmente, pues alguna aventura francesa también hubo–, lo que pone de relieve el impacto de la antropología cristiana católica. El peso histórico de la Iglesia católica se constata en la vigente legislación eclesiástica si bien no hay que dejar de analizar el crecimiento de las Iglesias evangélicas, así como, el tardío reconocimiento de las religiones indígenas (a la que dedicamos un apartado específico) y los sincretismos (que son consecuencia de la simbiosis desigual entre la religión cristiana y las fórmulas africanas e indígenas, sobre todo).

Podemos señalar –tal y como se argumenta y evidencia en páginas sucesivas- que en la inmensa mayoría de los países americanos se reconoce, protege y promociona la libertad y la autonomía religiosa. Para fundamentar tal afirmación se recurre, en dos apartados distintos –ya más en la línea de la Sociología Jurídica-[1], tanto al estudio de la regulación pacticia de la libertad religiosa (el Sistema Interamericano y los acuerdos con las confesiones religiosas), la regulación unilateral (preceptos constitucionales y leyes de libertad religiosa), así como, al análisis del Ordenamiento indígena (instituciones ancestrales y aquellas especiales recientes).

Finalmente, se presenta un anexo con textos jurídicos vigentes de Derecho Eclesiástico americano. En él, se recogen algunos de los principales textos legislativos reguladores de las realidades religiosas de los países americanos con el objeto de ofrecer una perspectiva general. Se divide en tres partes, "regulación constitucional", "regulación concordada" y "leyes de libertad religiosa". Obviamente resulta un recopilatorio parcial, no tanto por el volumen de normativa y jurisprudencia a sistematizar, sino porque se ha preferido ser fiel a los supuestos citados en los apartados previos. En cualquier caso, los textos constitucionales recogidos (algunas de las normas constitucionales relativas a la libertad religiosa) de los países más citados en el trabajo así como los principales concordatos vigentes y las más importantes leyes de libertad religiosa existentes permiten dar a conocer las relaciones Iglesia-Estado y la regulación de la libertad religiosa en el momento actual en las Américas.

Los autores

---

[1] No sólo se atiende a la exégesis del Derecho positivo vigente –lo cual, únicamente, permitiría el estudio formal del Ordenamiento-, sino que se pretende dar cabida igualmente al abordaje material y en perspectiva de dicha regulación y su encuadre sociológico (e.g. si responde a demandas sociales, cómo se incorpora a la agenda de los poderes públicos, cuáles son las respuestas y la evaluación de las mismas según el grado de observación social).

CAPÍTULO 1
CUESTIONES PRELIMINARES

1.1. EL DERECHO ECLESIÁSTICO: PRESUPUESTOS HISTÓRICOS

1.1.1. Orígenes del concepto

La doctrina sitúa el origen del Derecho Eclesiástico en la Reforma Protestante. Con dicha Reforma se quiebra la unidad religiosa y en virtud del principio *cuius regio eius religio* el Príncipe adquiere la condición de jefe religioso y de acuerdo a ello, los súbditos se encuentran sometidos a su religión. Nacen de esta forma las iglesias propias de cada Estado (iglesias particulares) y se produce la escisión de la Iglesia Universal. Se llega a considerar al Obispo de Roma como un poder extranjero y las iglesias se consideran meras asociaciones dentro del Estado, sometidas a su Derecho.

El fenómeno religioso, en virtud de este hecho histórico, pasa a ser regulado únicamente por el poder civil. Surge así en el campo protestante el llamado Derecho Eclesiástico que se contrapone al Derecho Canónico medieval[1]. La Reforma origina un cambio de significado en la expresión Derecho Eclesiástico y así, la doctrina protestante atribuye a la expresión *ius canonicum* el significado del Derecho procedente de la Iglesia anterior a la reforma e, *ius ecclesiasticum* (*Kirchenrecht*) al Derecho relativo a la materia eclesiástica no sólo procedente de la Iglesia católica sino también de las Iglesias protestantes así como del Estado, aunque éste deba ser adjetivado *Staatskirchenrecht* para evitar confusiones. Así, la terminología se fue matizando de tal modo que las normas estatales se excluyen del *Kirchenrecht*.

Por lo tanto, en los países católicos el Derecho Eclesiástico y el Derecho Canónico siguen siendo expresiones sinónimas referentes al Derecho emanado de la Iglesia católica. Para la doctrina protestante, sin embargo, el

---

[1] *Vid.* DE LUCA, L., *Il concetto del Diritto Eclesiástico* nel suo sviluppo storico, Padua, 1946, pp. 20 y ss.

Derecho Canónico es el producido antes de la Reforma y regulado en el *Corpus Iuris Canonici* mientras que el Derecho Eclesiástico comprende tanto el Derecho del Corpus (Derecho Canónico en sentido estricto), el Derecho de la Iglesia católica posterior al Corpus, el Derecho generado por las iglesias protestantes y el Derecho concordado[2].

La Iglesia católica, en los países protestantes, deja de tener competencia exclusiva en cuanto a la regulación jurídica del fenómeno religioso. En otros países como Francia, surge también la independencia de las iglesias nacionales frente a Roma. Este fenómeno se conoce con el nombre de regalismo e implica el poder de las monarquías absolutas de los siglos XVII y XVIII sobre la Iglesia, reflejado, básicamente, en los llamados *iura circa sacra*[3]. D'Avack describe el regalismo confesional católico del siguiente modo: "Partiendo de la premisa de que el soberano había recibido de Dios mismo, como atributos inherentes e inseparables de la soberanía, la cualidad de abogado de la Iglesia, guardián de la fe y custodio de los sagrados cánones y al mismo tiempo el calificativo de protector y defensor del bienestar material y espiritual de su pueblo, se deducía de ahí fácilmente la existencia de un derecho y un deber suyos a ejercitar una alta vigilancia y autoridad sobre la Iglesia y a injerirse en materia eclesiástica, ya para reprimir cualquier relajación de la disciplina canónica y cualquier abuso y falta de los clérigos como protección y tutela de la Iglesia misma, ya también para impedir y condenar todas aquellas infracciones de la legítima constitución eclesiástica y todo el conjunto de nuevas normas, actos y enseñanzas de la Santa Sede y de las jerarquías inferiores que, en menoscabo de la doctrina, de la organización y de la disciplina tradicionales vigentes de la Iglesia, directa o indirectamente pudieran dañar la cohesión estatal e ir en de-

---

[2] Como señala DE LUCA, "la riforma protestante e il principio da essa provocato «cuius regio eius religio» per cui, come rilevava il Fleiner, agli occhi dello Stato...Non vi è dubbio infatti che tale situazione favorisse una sempre crescente ingerenza dello Stato nella materia ecclesiastica ed una commistione di norme canoniche e di norme statuali dirette a regolare la stessa materia e contribuisse pertanto ad uno smarrimento dell'originario concetto di diritto ecclesiastico, inteso come diritto della Chiesa universale. Ciò tanto più se si rifletta che le chiese protestanti, in contrapposto alla Chiesa cattolica, hanno riconosciuto generalmente allo Stato la potestà di disciplinare con proprie norme i loro rapporti esterni". DE LUCA, L., *Il concetto del Diritto Ecclesiastico...*, op. cit., p. 23.

[3] En Francia, este fenómeno se denomina galicanismo y se elabora un "droit civil ecclésiastique" en virtud del cual se sistematiza la legislación y la jurisprudencia estatal en esta materia. *Vid.* MESSNER, F., "Du Droit ecclèsiastique ou Droit des religions: èvolution d'une terminologie", *Revue de Droit Canonique*, 1997, pp. 148-151. Para la visión anglosajona, *vid.* SANCHEZ-BAYON, A., *Manual de Sociología jurídica estadounidense*, Madrid, 2008.

trimento de la conciencia religiosa y del bienestar espiritual y material de su pueblo"[4].

Otro factor que influye en la evolución del Derecho Eclesiástico viene dado por los presupuestos de la Escuela de Derecho Natural[5], que tiene por objeto la reivindicación de la libertad del individuo[6]. El racionalismo considera la razón humana como fuente de conocimiento, de la cual deriva el Derecho Natural. En la Universidad de Halle (siglo XVIII), en torno a la figura de Tomasio[7], se desarrolla la Escuela del Derecho Eclesiástico Natural que pretende construir un Derecho Eclesiástico basado en la razón[8]. Para esta escuela, como señala Moreno Botella, "la Iglesia no es sólo la católica sino cualquier sociedad reconocida para un culto externo en comunidad, entendiendo que el fun-

---

[4] D'AVACK, P.A., *Tratatto di diritto ecclesiastico italiano*, vol. I, *Introduzione sistematica, fonti, principi informatori e problemi fondamentali*, Milán, 1969 (Tomado de GONZÁLEZ DEL VALLE, J.Mª., *Derecho Eclesiástico español*, Navarra, 2005, p. 36).

[5] Entre los representantes de esta escuela podemos destacar: Grozio, en Holanda; Hobbes, Cumberland, Selden, Locke, en Gran Bretaña y Puffendorf, Thomasius, Leibniz, Wolf, en Alemania.

[6] Como señala De Luca, "la scuola del diritto naturale si affermava nell'ambito del movimento illuminista allo scopo soprattutto di rivendicare la libertà dell'individuo… Essa volle essere, almeno da Grozio in poi, un movimento di reazione al principio di autorità, tendendo, com'è noto, a sostituirvi i principii desunti dall'umana ragione". DE LUCA, L., *Il concetto del Diritto Ecclesiastico…*, *op. cit.*, p. 37.

[7] Como señala Salinas Araneda, "a Tomasio se atribuye la distinción entre orden moral y orden jurídico, basada en la dimensión interior y exterior de la actividad humana. Según él, mientras la moralidad se refiere a la interioridad, el Derecho regula la actividad externa del hombre, que requiere, además, de intersubjetividad y la posibilidad de la coacción. De acuerdo con sus ideas protestantes, de carácter pietista, la esfera interior de la conciencia no puede ser objeto de restricción alguna por parte de la autoridad y del Derecho, aunque sobre ella pueda incidir la enseñanza moral de la Iglesia como comunidad espiritual y de culto, sin competencia en el ámbito de lo jurídico. A la autoridad civil le corresponde, en cambio, la regulación de la actividad externa de la sociedad, por medio de normas jurídicas dotadas de coacción que, en cuanto tales, no pueden extenderse a la esfera interior. Este planteamiento permite a Tomasio responder negativamente a la cuestión del carácter delictivo de la herejía, basándose en que el juicio sobre la verdad religiosa se mueve en la esfera interior de la conciencia y, por tanto, no puede ser objeto de sanción penal. Lo cual le lleva a defender la tolerancia y la libertad religiosa, considerando al Estado incompetente para ordenar los actos internos con su ordenamiento jurídico y sus facultades punitivas". SALINAS ARANEDA, C., "Los orígenes y primer desarrollo de una nueva rama del Derecho: El Derecho Eclesiástico del Estado", *Revista de Estudios Histórico-Jurídicos*, 2000, p. 93.

[8] Siguiendo a De Luca, los representantes de esta Escuela del Derecho Eclesiástico Natural son: N. Hier Gundling; G. G. Titius; J. S. Stryk; J. H. Bohmer; J.L. Fleischer; J.G. Pertsch; A. Von Balthasar; G.L. Bohmer; G. Von Wiese; Ch. F. Gluck y Th. Schmalz. DE LUCA, L., *Il concetto del Diritto Ecclesiastico…*, *op. cit.*, p. 41.

damento de la Iglesia no es la voluntad divina, sino el contrato de asociación, apareciendo así un Derecho Eclesiástico Natural, unitario, cuya última fuente es la razón humana"[9].

A partir de esta construcción, se consolida la libertad religiosa como un derecho individual e inviolable, y éste quedará reconocido en las distintas declaraciones de Derecho. En definitiva, esta escuela mantendrá un concepto unitario o monista del Derecho Eclesiástico según el cual, la única fuente de producción es la razón humana. De esta manera el Derecho Eclesiástico se entendía ahora como una ciencia jurídica unitaria, dedicada a los problemas del Derecho sobre "materia eclesiástica".

Frente a los planteamientos de la Escuela de Derecho Eclesiástico Natural, surge la Escuela Histórica del Derecho cuyo máximo exponente es Savigny[10]. Para esta escuela el Derecho es una realidad de la vida y producto de la historia. Para la Escuela Histórica, "el Derecho no cuenta ya con ese valor absoluto e inmutable del que necesariamente gozaba para la concepción racionalista-iusnaturalista, sino que es concebido como un hecho social, un producto de la historia, una realidad que refleja la vida"[11].

Frente a la pretensión iusracionalista de búsqueda de un derecho basado en la razón, de valor absoluto e inmutable, la Escuela Histórica entendió que era "el espíritu del pueblo" de Savigny el criterio clave de comprensión del fenómeno jurídico, que el jurista debía captar en los hechos, en las

---

[9] MORENO BOTELLA, G., *Cuestiones generales*, en MARTÍN SÁNCHEZ, I. (Ed.), *Curso de derecho eclesiástico del Estado*, Valencia, 1997, p. 24.

[10] Como señala Salinas Araneda, "el resultado fue que la atención de los eclesiasticistas de esta Escuela se centró en la regulación de la materia eclesiástica en la dinámica histórica del pueblo alemán. Como al hacerlo se encontraron con que, en algunos períodos, las normas fundamentales eran de origen eclesiástico, mientras que en otros eran de origen estatal, el sistema de Derecho eclesiástico de estos autores integró, por una parte, tanto el Derecho del pasado como el del presente y, por otra, tanto el dictado por la Iglesia como el establecido por el Estado. Así, en Alemania se llegó a la construcción de un sistema de Derecho eclesiástico en el que se integraron los datos de Derecho positivo tanto de origen estatal como religioso y, entre éstos, tanto católicos como protestantes. El problema era que las relaciones Iglesia-Estado no eran concebidas de la misma manera por católicos y protestantes; no obstante esto, coexistieron una concepción católica y una concepción protestante del Derecho eclesiástico, pero ambas, de manera compatible con sus respectivos postulados de base, tuvieron la aspiración de integrar el pasado y el presente, las normas de procedencia religiosa y las normas estatales". SALINAS ARANEDA, C., *Los orígenes y primer desarrollo...*, *op. cit.*, p. 96.

[11] CONTRERAS MAZARIO, J.Mª., *Epistemología del Derecho Eclesiástico del Estado*, en OTADUY, J. (Ed.), *Diálogo sobre el futuro de la ciencia del Derecho Eclesiástico en España*, Navarra, 2001, p. 30.

manifestaciones del espíritu popular. Se elabora un concepto de Derecho dinámico, frente al inmovilismo de la corriente del Derecho natural de corte racionalista.

Van a considerar comprendido en el Derecho Eclesiástico un conjunto de normas, tanto de origen canónico como eclesiástico, pero vinculadas para referirse a "las iglesias". Por tanto, la fuente productora de la norma no es la que determina el concepto de Derecho Eclesiástico sino que es el objeto que las regula (las iglesias)[12].

Con el positivismo y la proclamación del Estado como la única fuente normativa, el Derecho Eclesiástico refuerza su naturaleza monista en cuanto a su fuente y la materia: la voluntad del Estado es la única fuente del Derecho. Así, como afirma Reina, "el Derecho Eclesiástico se integra tan solo por las normas emanadas del Estado sobre la materia eclesiástica, constituyendo materia aparte de los derechos religiosos. Se acabará por distinguir un Derecho Eclesiástico del Estado y un Derecho Eclesiástico de la Iglesia, este con un valor tan solo propedéutico respecto del estatal, único admitido por el positivismo. El ámbito del concepto de Derecho Eclesiástico experimenta por tanto, por influencia del positivismo, una limitación sustancial, pero también una precisión, no menos importante: la definición del Derecho Eclesiástico puede ya plantearse de un modo propio y exclusivamente jurídico"[13].

Con el positivismo, la discusión salió del campo teológico y pasó al jurídico. Naturalmente, a estos juristas poco les interesaban los temas referidos a la naturaleza de la Iglesia y la negación del carácter jurídico del Derecho canónico fue la consecuencia lógica de sus planteamientos estatalistas[14].

Esta corriente surgida en un primer momento en Alemania pasa a Italia y es aquí donde nace el Derecho Eclesiástico en un sentido moderno, esto es, como una disciplina de Derecho estatal que tiene por objeto el estudio de la normativa referente al hecho religioso. Desde entonces y hasta hoy, el Derecho Eclesiástico se determina por la fuente normativa: el Estado.

1.1.2. El concepto moderno de Derecho Eclesiástico

Tradicionalmente se ha mencionado a Scaduto y a Ruffini como los fundadores del Derecho Eclesiástico. Ambos, además de contribuir a la formación del

---

[12] En este sentido *Vid.* DE LUCA, L., *Il concetto del Diritto Ecclesiastico..., op. cit.,* pp. 63-64.

[13] REINA, V., REINA, A., *Lecciones de Derecho Eclesiástico Español,* Barcelona, 1983, p. 137.

[14] *Vid.* MALDONADO, J., "Acerca del carácter jurídico del ordenamiento canónico", *Revista Española de Derecho Canónico,* 1946, pp. 67-104.

Derecho Eclesiástico plantean cuestiones que son de plena actualidad en nuestros días. Con ellos y con el trabajo de sus discípulos (Galante, Falco o Jemolo) nace lo que señalábamos anteriormente el "Derecho Eclesiástico en un sentido moderno"[15].

En Italia no existía una disciplina como el Staatskirchenrecht alemán o el Droit civil ecclesiastique francés, y en las universidades se estudiaba el Derecho canónico bajo las denominaciones de Diritto ecclesiastico, Diritto canonico, Istituzioni di diritto ecclesiastico o Istituzioni di diritto canonico[16]. A finales del siglo XIX, la disciplina estaba en franca decadencia y así, el Real Decreto 3434 de 8 de octubre regulaba el contenido del Derecho Canónico y el progresivo cambio de la docencia a otras disciplinas[17].

En 1884, la Universidad de Palermo encarga a Scaduto la enseñanza del Derecho Canónico y éste, en su discurso inaugural leído el 21 de noviembre propone un cambio en la orientación de la enseñanza del Derecho Canónico[18]. Así, Scaduto sugiere el cambio en la denominación de la asignatura y que se llame Diritto Ecclesiastico en vez de Diritto Canonico. Por otro lado, afirma que el Diritto Ecclesiastico debe estudiarse desde una perspectiva estatal si bien las normas de origen canónico deben ser reconocidas directa o indirectamente por el Estado[19].

---

[15] Como afirma De la Hera, "los orígenes de esta nueva ciencia (Derecho Eclesiástico) son alemanes, y de Alemania se importó a Italia (la traducción por Francesco Ruffini del Lehrbuch des Katholischen und evangelischen Kirchenrechts, de Emil Friedberg —que Ruffini publicó bajo el título de Trattato di Diritto ecclesiastico, en 1893—) (…) pudiera ser el símbolo de aquel paso de fronteras por una disciplina científica que iba a alcanzar en su nuevo país una altura, un nivel, que todavía hoy mantiene como verdaderamente admirable". DE LA HERA, A., *La ciencia del Derecho Eclesiástico en Italia, en Studi in onore de Pietro Agostino D'Avack*, I, 1976, p. 974.

[16] Como afirma Catalano, "sulla denominazione ufficiale della disciplina va ricordato che la legge Casati (13 novembre 1859 n. 3725) prevedeva tra i corsi obbligatori della Facoltà di giurisprudenza quello di Diritto Ecclesiastico. Nondimeno a Cagliari e a Sassari il relativo corso è indicato negli Annuari del Ministero della Pubblica Istruzione con la diversa denominazione di Istituzioni di Diritto Ecclesiastico (…). Nelle Università di Bologna, Macerata, Parma e in quelle libere di Ferrara, Perugina e Urbino la denominazione ufficiale era invece quella Diritto Canonico. Di Istituzioni di Diritto Canonico si discorreva invece nella Università di Modena". CATALANO, G., "La problematica del Diritto Ecclesiastico ai tempi di Francesco Scaduto e ai nostri giorni", *Il Diritto Ecclesiastico*, 1965, p. 44.

[17] *Vid.* CATALANO, G., *La problematica del Diritto Ecclesiastico, op. cit.*, p. 42.

[18] SCADUTO, F., *Il concetto moderno del diritto ecclesiastico: prolusione letta il 21 novembre 1884*, Palermo, 1885.

[19] SCADUTO, F., *Il concetto moderno del diritto…, op. cit.*, p. 14.

De la lectura de la prolusión panormitana de Francesco Scaduto podemos llegar a las siguientes conclusiones acerca de cual debe ser el objeto de estudio de la ciencia del Derecho Eclesiástico[20]. En primer lugar, las disposiciones del Estado en materia eclesiástica (lo que es hoy conocido actualmente como el Derecho Eclesiástico); las disposiciones eclesiales que han sido recibidas por el Ordenamiento del Estado (lo que hoy se conoce como el Derecho Canónico recibido por el Ordenamiento); las disposiciones eclesiales no recibidas pero que ponen de relieve la posición de la Iglesia en relación con el Estado (lo que sería el *Ius publicum ecclesiasticum* externo); aquellas disposiciones eclesiales que han tenido influencia en la formación del Derecho estatal (Historia del Derecho Canónico)[21].

El apogeo del positivismo influyó además para que la doctrina acogiese los postulados de Scaduto. De este modo, su propuesta tuvo una gran acogida[22] y por medio del regolamento Nasi, de 13 de marzo de 1902, se acoge oficialmente la denominación de Diritto Ecclesiastico.

---

[20] En concreto cuando afirma, "nella seconda metà dello scorso secolo, quando gli Stati...rivendicavano la loro libertà di fronte a Roma, le loro disposizioni in materia ecclesiastica...furono fatte oggetto di studio (…) in Austria (…) si pubblicava le Leggi e Decreti (…) di Giuseppe il (…) in materia ecclesiastica (…). In Italia il Codice Ecclesiastico Sicolo (…) di Gallo (…) dove si trovano (…) tutte le disposizioni emanate dallo Stato intorno alla Chiesa, nonché quelle seconda riconosciute dal primo.
Ma questi lavori, utilissimi, per una vera scienza del Diritto Ecclesiastico possono definirse soltanto come preparatorii. Studiando le leggi civili e quelle emanate dalla Chiesa ed accolte dallo Stato, non conosciamo ancora tutto...Riguardo al Diritto Ecclesiastico, occorre conoscere anche quei canoni e quelle Decretali che sono stati respinti da questo o quel governo: se ad esempio non prendiamo in considerazione la bolla in Coena Domini e il Sillabo, noi non potremo formarci un'idea adeguata dell'estensione delle pretese curialiste: il lato prammatico del Diritto Ecclesiastico non ne soffrirebbe troppo, ma quelli storico e sociologico riuscirebbero assolutamente difettosi. Dunque tutti quei canoni e bolle che non riguardano oggetti puramente interni e di poca importanza, ma si riferiscono ai rapporti colla società, devono essere esaminati in un corso di Diritto Ecclesiastico, anche quando non siano stati riconosciuti dal potere civile". SCADUTO, F., *Il concetto moderno del diritto…, op. cit.*, pp. 15-16.

[21] *Vid.* IBÁN, I.C., *En los orígenes del Derecho Eclesiástico*, Madrid, 2004, p. 157.

[22] Como señala Di Luca, "Francesco Scaduto, meritamente salutate come il restauratore o, più ancora, come il costruttore del diritto ecclesiastico italiano, già nella sua famosa prolusione palermitana accennando alla concezione che di tale disciplina aveva la scuola storica germanica, volentieri riconoscesse l'alto contributo portato da questa scuola alla scienza del diritto ecclesiastico. E proprio prendendo da ciò lo spunto, lo Scaduto esponeva quello che secondo lui dovera ritenersi il concetto moderno del diritto ecclesiastico". DE LUCA, L., *Il concetto del Diritto Ecclesiastico…, op. cit.*, pp. 123-124.

Por otro lado, Ruffini concibe el Derecho Eclesiástico del Estado como una parte del Derecho Eclesiástico, siendo las fuentes tanto las civiles como las confesionales[23]. Como ha destacado Molano[24], Ruffini representa para el Derecho Eclesiástico italiano dos cosas:

- El cultivo de esta ciencia según la metodología histórica.

- La consideración de la libertad religiosa como un derecho subjetivo público, cuyo estudio convierte al Derecho Eclesiástico en una rama jurídica centrada sobre la *legislatio libertatis,* al entender, que la libertad religiosa es la primera de las libertades[25].

Como vemos, la propuesta de Scaduto y Ruffini es el estudio del *Kirchenrecht* de tal forma que abarca tanto el Derecho emanado del Estado como el de origen confesional. La definitiva configuración de la disciplina se consigue con la distinción entre la ciencia del Derecho Canónico y la ciencia del Derecho Eclesiástico, y en esta distinción influye decisivamente la obra de Santi Romano y su Teoría de la pluralidad de los Ordenamientos jurídicos.

Como señala González del Valle, "del positivismo acepta Romano la idea de que no existe más Derecho que aquel que está puesto, mediante su promulgación, por un poder soberano. Ahora bien, no hay que identificar poder soberano con poder estatal. Un poder es soberano, cuando proviene de una institución —la visión institucional del Derecho la toma de Hauriou— originaria y soberana. El Estado es una institución originaria y soberana. No proviene ni deriva de otra institución superior, a diferencia de lo que acontece con las sociedades privadas, que pueden dar origen a un ordenamiento —un conjunto normativo coherente por el que se rigen—, pero ese ordenamiento es un ordenamiento derivado a su vez de otro: el estatal. Los ordenamientos no originarios encuentran su razón de ser última en derivar de otro ordenamiento superior. Pues bien, la Iglesia ha de ser considerada igual que el Estado una institución originaria y soberana. No es de creación estatal ni deriva del Esta-

---

[23] *Vid.* RUFFINI, F., *Scritti giuridici minori*, Milano, 1936, p. 55.

[24] MOLANO, E., *Introducción al estudio del Derecho Canónico y del Derecho Eclesiástico del Estado,* Barcelona, 1984, p. 197.

[25] Asimismo, como afirma Lombardía en relación con Ruffini, "su ambición es construir una ciencia que integre los elementos normativos, tanto de procedencia estatal como de procedencia eclesiástica católica o protestante. De ahí su sensibilidad histórica...y su interés por la historia le lleva a no interesarse solo por las soluciones que el Estado contemporáneo da a los problemas sociales relacionados con el factor religioso...tal concepción enlaza armónicamente con su talante liberal y su interés...por la libertad religiosa". LOMBARDÍA, P., *El Derecho eclesiástico*, en AA.VV., *Derecho Eclesiástico del Estado español*, 2ª edición, Pamplona, 1983, p. 97.

do. Sus órganos, funcionamiento y régimen no se explican ni encuentran su razón de ser en el Estado. Su Derecho, por tanto, constituye un ordenamiento jurídico primario; no los simples estatutos de una asociación privada, como el liberalismo pretendía"[26].

El primer autor que separa el estudio del Derecho Canónico del Derecho Eclesiástico es Del Giudice, que habla de un "sistema scientifico del diritto ecclesiastico italiano attuale"[27] y esta separación se confirma al crearse por medio del Real Decreto n. 882, de 7 de mayo de 1936[28], una enseñanza optativa de Derecho Canónico distinta del Derecho Eclesiástico. A partir de este momento, Galante, Jemolo, Falco, etc., estudian igualmente de forma separada e independiente el Derecho Canónico y el Derecho Eclesiástico y, en consecuencia, puede hablarse con propiedad de la autonomía del Derecho eclesiástico en Italia. Lograrán un gran desarrollo científico de esta especialidad en el Derecho italiano y su influencia quedará reflejada en la incipiente doctrina española de aquel momento.

1.2. EL OBJETO DEL DERECHO ECLESIÁSTICO

Una vez distinguido el Derecho Canónico del Derecho Eclesiástico, la gran mayoría de la doctrina española considera que el Derecho Eclesiástico es el sector del Ordenamiento del Estado que regula la proyección civil del fenómeno religioso, tanto en su dimensión individual como colectiva[29]. Según Hervada, "decir que el Derecho eclesiástico estudia el fenómeno religioso desde la perspectiva del Estado, quiere decir, en línea de principio, que al Estado le

---

[26] GONZÁLEZ DEL VALLE, J.M., *Derecho Eclesiástico... op. cit.*, p. 43.

[27] DEL GIUDICE, V., *Corso di Diritto ecclesiastico italiano*, Milano, 1933, p. 15.

[28] CATALANO, G., *La problematica del Diritto Ecclesiastico, op. cit.*, p. 44.

[29] Ya Falco daba una definición de lo que era el Derecho Eclesiástico: "Il complesso delle norme emanate dallo Stato per disciplinare il riconoscimento, la condizione giuridica e l'attività delle istituzioni religiose e cultuali e per regolare la condizione giuridica dei cittadini, in quanto appartengano alle diverse confessioni e, in particolare, in quanto svolgano un'attività religiosa o compiano determinati atti di natura religiosa". FALCO, M., *Corso di Diritto Ecclesiastico*, Padova, 1930, p. 3. Asimismo, Del Giudice afirma: "Sistema (reale e scientifico) delle norme giuridiche vigenti in un determinato Stato per il regolamento della materia ecclesiastica; cioè di quelle attività, di individui e di gruppi sociali, che si dirigono alla attuazione di finalità ritenute dallo stesso ordine giuridico statuale come finalità religiose". DEL GIUDICE, V., *Corso di diritto ecclesiastico ...*, *op. cit.*, p. 25. La doctrina posterior (Ciprioti, Gismondi, D'Avack, etc.) coincide a la hora de fijar el objeto material del Derecho Eclesiástico, siendo esta la concepción que adopta también la doctrina española.

interesa este fenómeno en cuanto que tiene relevancia en la comunidad política… De ahí que el Derecho eclesiástico no tenga por objeto el fenómeno religioso en sí, sino la proyección civil de lo religioso… y la primera y más importante manifestación resulta ser la libertad religiosa, esto es, la inmunidad de coacción que a todo hombre corresponde en materia religiosa, cuya defensa y garantía es función del Estado… como verdadero *praesul libertatis* que debe ser"[30].

El dato comúnmente aceptado por la doctrina es que estamos en presencia de un Derecho estatal: "es un hecho incontrovertible… que nuestra disciplina se centra en el Derecho estatal, el cual constituye el núcleo fundamental de su contenido material, y define la perspectiva desde la que son contemplados los ordenamientos confesionales: especialmente, en qué medida, y mediante qué mecanismos técnicos, adquieren relevancia en el ordenamiento jurídico del Estado"[31].

La mayoría de la doctrina científica coincide en señalar que el objeto del Derecho Eclesiástico gira en torno a la opinión dada por Hervada. "Es indudable que en España existe un Derecho especial relativo al factor religioso, cuyas normas tienen una peculiar significación, por responder a unos principios informadores, que a su vez reclaman ulteriores desarrollos legislativos…pues bien, ésa es la específica rama del ordenamiento jurídico del Estado relativa al factor religioso en su proyección social, es decir, el Derecho eclesiástico del Estado español"[32].

---

[30] HERVADA, J., "Bases críticas para la construcción de la ciencia del Derecho eclesiástico", *Anuario de Derecho Eclesiástico del Estado*, 1987, pp. 32-33. Según el citado autor, describiendo el actual panorama eclesiasticista, afirma que "creo que se pueden distinguir tres sectores de eclesiasticistas. Uno de ellos es el que podríamos llamar clásico (…) son los que mantienen la concepción propia y correcta del Derecho Eclesiástico del Estado…hay un segundo sector, que se distingue por haber mezclado la ciencia con la ideología. Más bien diría que se han convertido en ideólogos que revisten de ciencia jurídica esa ideología, que comprende: el relativismo, el agnosticismo y el laicismo…nota común a este sector es su antipatía hacia la Iglesia católica, a la que tratan de rebajar, convirtiendo el principio de igualdad en el igualitarismo. Por último, observo un tercer grupo caracterizado por haber perdido su identidad de eclesiasticistas (…) desean cambiar la identidad del Derecho Eclesiástico del Estado, incluso dándole otro nombre (…) [y] convertir el Derecho Eclesiástico del Estado en una parte de la ciencia de los derechos humanos". HERVADA, J., *Los eclesiasticistas ante un espectador*, Navarra, 2002, p. 15.

[31] MARTÍNEZ-TORRÓN, J., *Religión, Derecho y Sociedad. Antiguos y nuevos planteamientos en el Derecho Eclesiástico del Estado*, Granada, 1999, p. 7.

[32] LOMBARDÍA, P., FORNÉS, J., *El Derecho Eclesiástico*, en FERRER, J. (ed.), *Derecho Eclesiástico del Estado español*, Pamplona, 1996, pp. 23-24.

Esta idea está presente en diferentes definiciones del concepto del Derecho Eclesiástico. Así, por ejemplo, para Goti es "aquella rama del Derecho público interno del Estado, que tiene por objeto la regulación del hecho social religioso, con normas de origen unilateral o bilateral, mediante la promoción y protección de los derechos de libertad religiosa y de conciencia de una forma igualitaria para todas las personas"[33]. Para Martínez Blanco, es el "conjunto de normas de procedencia estatal, unilaterales o acordadas con las confesiones religiosas, relativas al hecho social religioso en cuanto civilmente relevante, principalmente mediante la protección de la libertad religiosa"[34]. Para Ibán, es "aquella rama del ordenamiento jurídico estatal que tiene por objeto la regulación de la libertad religiosa y de la posición de los grupos religiosos (confesiones religiosas) en nuestro Derecho"[35].

Asimismo, hay otros autores que resaltan la importancia de la manifestación colectiva de la libertad religiosa. Así, González del Valle afirma que "se entiende actualmente por Derecho eclesiástico la legislación —incluidos los concordatos y otras convenciones que el Estado pueda establecer con las confesiones religiosas distintas de la católica— sobre materia eclesiástica. Hasta aquí la delimitación conceptual del Derecho Eclesiástico hace referencia exclusivamente a cuáles sean sus fuentes. Queda por precisar cuál sea esa materia eclesiástica. A mi modo de ver, la materia de nuestra disciplina —su núcleo central— lo constituye la actitud del poder político respecto a las organizaciones religiosas y a las manifestaciones individuales de religiosidad: una de las cuestiones más debatidas, tanto desde el punto de vista filosófico, como político, como práctico. Esa actitud ha sido origen de múltiples conflictos de todo tipo y ha contribuido decisivamente en el concierto mundial de las naciones a la configuración actual del mapa político y cultural"[36].

Con cierta semejanza, García Hervás define el Derecho Eclesiástico como "aquel conjunto de normas del ordenamiento jurídico estatal que regulan, principalmente, el régimen civil de las confesiones religiosas, así como

---

[33] GOTI, J., *Sistema de Derecho Eclesiástico*, Donostia, 1991, p. 80.

[34] MARTÍNEZ BLANCO, A., *Derecho Eclesiástico de Estado II*, Madrid, 1994, p. 46.

[35] IBÁN, I.C., *Introducción*, en IBÁN, I.C., PRIETO SANCHÍS, L., MOTILLA, A., *Curso de Derecho Eclesiástico*, Madrid, 1991, p. 4.

[36] GONZÁLEZ DEL VALLE, J.M., *Derecho Eclesiástico español...*, op. cit., p. 56. A este respecto, *vid.* VÁZQUEZ GARCÍA-PEÑUELA, J.Mª, "El objeto del Derecho eclesiástico y las confesiones religiosas", *Ius Canonicum*, 1994, pp. 279-290.

el derecho de libertad religiosa de los ciudadanos en cuanto creyentes miembros de una determinada confesión religiosa"[37].

Por tanto, el fenómeno religioso constituye el objeto propio del Derecho Eclesiástico para gran parte de la doctrina[38].

Para otro grupo doctrinal, el Derecho Eclesiástico se centra en la libertad de conciencia comprensiva tanto de la libertad religiosa como de la libertad ideológica[39], y que incluye también el derecho a la libre formación de la propia conciencia[40]. Así, Llamazares afirma que "el Derecho eclesiástico del Estado no es otra cosa que el estudio y ordenación sistemática de las normas estatales reguladoras de ese derecho de libertad de conciencia como derecho fundamental de los ciudadanos. Porque, claro está, libertad de conciencia significa tanto libertad ideológica como libertad religiosa...ambas, no son dos especies del

---

[37] GARCÍA HERVÁS, D., "El Derecho Eclesiástico", en GARCÍA HERVÁS, D. (ed.), *Manual de Derecho Eclesiástico del Estado*, Madrid, 1997, p. 63.

[38] Como señala Martínez-Torrón, "el derecho positivo otorga al elemento específicamente religioso una importancia decisiva en orden a fijar el sentido de las soluciones jurídicas para ciertas relaciones humanas, actual o potencialmente conflictuales. Por eso lo religioso, en el plano académico, puede dar origen a una especialidad jurídica —el derecho eclesiástico— en la que ese elemento desempeña un papel central, y en la que se estudian de manera unitaria relaciones jurídicas que, de otra forma, serían estudiadas en el marco de otras especialidades". MARTÍNEZ-TORRÓN, J., *Religión, Derecho y Sociedad..., op. cit.,* p. 106.

[39] Para Souto, el derecho de la libertad de ideas y de creencias es el centro de gravedad del Derecho Eclesiástico. *Vid.* SOUTO, J.A., *Comunidad política y libertad de creencias. Introducción a las libertades publicas en el Derecho comparado*, Madrid, 2003.

[40] Como resume Martínez-Torrón haciendo referencia a los dos grupos doctrinales en función de la concepción del objeto del Derecho Eclesiástico, "la primera posición ha sido la propugnada y difundida por Lombardía y Hervada, y a ella se han sumado la mayoría de quienes componen su escuela (escuela canonística inicialmente, que también ha mantenido una cierta cohesión —bastante menos intensa— como escuela eclesiasticista). Es la posición que han mantenido también Antonio y Víctor Reina, y la mayor parte de la manualística no vinculada a Pedro Lombardía (por ejemplo, Martínez Blanco, Vera Urbano, Martín Sánchez). Llamazares es el más claro representante de la segunda de las posiciones mencionadas (significativamente las dos primeras ediciones de su manual se subtitulaban «derecho de la libertad de conciencia», y ahora el subtítulo ha pasado a ser título). Goti parece seguir la posición de Llamazares, aunque con mayor contención en cuanto a los límites temáticos de la disciplina. Souto, por su parte, en una suerte de vía intermedia, parece inclinarse en principio por la opción defendida por Lombardía y Hervada, pero simultáneamente insiste en la libertad ideológica como centro de gravedad del Derecho eclesiástico (enfatizando lo inadecuado de esta denominación, y proponiendo sustituirla por la expresión «Derecho de la libertad de ideas y creencias»), e incluye en su manual el estudio de la libertad de enseñanza". MARTÍNEZ-TORRÓN, J., *Religión, Derecho y Sociedad..., op. cit.,* p. 116.

mismo género, libertad de conciencia, ya que la una es subespecie de la otra...conceptualmente la libertad religiosa es una subespecie de la libertad ideológica"[41].

Asimismo, señala el mismo autor que "parece razonable pensar que el Derecho eclesiástico, si quiere ser fiel a la orientación que su evolución histórica ha descrito y a la transformación de la propia sociedad, debe transformarse él mismo en Derecho de la libertad de conciencia o, si se prefiere, de la libertad ideológica o de pensamiento, en el que las normas reguladoras de la libertad religiosa como derecho civil y las reguladoras de las materias eclesiásticas, reducidas a la regulación del estatuto jurídico civil de las confesiones en tanto que ejercicio colectivo institucionalizado de esa libertad (Derecho especial), representan la parte menor, pasando a ser el grueso de su contenido las destinadas a regular la libertad de ideas y creencias con independencia de que sean o no religiosas"[42].

Este planteamiento supone la inclusión de ciertos temas que se consideran ajenos al objeto tradicional propio del Derecho Eclesiástico y así, Martínez—Torrón señala que esta concepción de la disciplina "conduce a difuminar los perfiles temáticos del Derecho Eclesiástico, los cuales terminan por perderse en una vaga nebulosa en la que tratan de armonizarse el interés jurídico general y la defensa de la autonomía de comportamiento del individuo en numerosos ámbitos de su vida"[43].

En nuestra opinión, el objeto de estudio del Derecho Eclesiástico es la relevancia civil del factor religioso y consideramos que el análisis de otras materias deben ser siempre reconducidas al objeto final que es lo religioso. Como señala Berlingó, "la ragion d'essere di una disciplina di studio come la nostra —sia o non sia essa, secondo la sugestiva ricostruzione di González del Valle, un'ascesi verso la mistica della libertà— non può certo risolversi nella sommatoria di arbitrarie e soggettive preferenza di ricerca. Essa ha un fondamento ed un carattere oggettivo, almeno sin quando ci si mueve nel contesto di sistemi che sottolineano la specificità del fattore religioso, a garanzia del loro stesso assetto, aperto e plurale (...) è opportuno non confondere il fine con l'oggetto del Diritto Ecclesiastico «hic et nunc» determinato; è molto sugestivo, lo si è detto, descrivere questa disciplina come un'ascesi mirata alla mistica

---

[41] LLAMAZARES FERNÁNDEZ, D., *Derecho Eclesiástico del Estado. Derecho de la libertad de conciencia*, Madrid, 1989, p. 14.

[42] LLAMAZARES FERNÁNDEZ, D., *Derecho de la libertad de conciencia I. Libertad de conciencia y laicidad*, Madrid, 1997, p. 21.

[43] MARTÍNEZ-TORRÓN, J., *Religión, Derecho y Sociedad..., op. cit.*, p. 169.

delle libertà. Sarebbe però grave se essa si trasformasse in un'estasi paralizzante e prematura per una libertà non ancora concretamente esistente; o in un coacervo di specializzazioni disarticolate e frammentarie, senza il comune supporto di un oggetivo fondamento"[44].

La normativa eclesiástica va dirigida tanto a las conductas individuales como a las colectivas, por lo que la libertad religiosa tiene una doble dimensión: la referente a los individuos y la referente a las confesiones religiosas. Así pues, el individuo es el titular inmediato del derecho de libertad religiosa. Evidentemente, al contribuir este derecho al desarrollo de la personalidad humana y ser expresión de la libertad asociativa del individuo, también las confesiones son titulares del derecho de libertad religiosa[45].

---

[44] BERLINGÒ, *Libertà religiosa e diritto ecclesiastico, oggi*, en VV.AA., Scritti *in onore di Angelo Falzea*, III, Milano, 1991, pp. 77-78.

[45] Como señala López Alarcón, "en la noción de confesión religiosa se dan cita dos elementos esenciales. Uno es el conjunto de creencias, doctrinas y preceptos que se aceptan por los miembros con vinculaciones unitivas muy profundas de naturaleza religiosa. El otro elemento lo constituye la organización sobre normas propias. Estos dos factores son igualmente necesarios para la calificación de las confesiones religiosas y no puede prescindirse de ninguno de ellos". LÓPEZ ALARCÓN, M., *Dimensión orgánica de las confesiones religiosas en Derecho español*, "Ius Canonicum", 1980, p. 46.

CAPÍTULO 2

ESTUDIO DEL DERECHO ECLESIÁSTICO EN LAS AMÉRICAS: DE LA REALIDAD SOCIO-CULTURAL Y SU CONOCIMIENTO

El concepto de Derecho Eclesiástico entendido como el conjunto de normas coactivas civiles que regulan la dimensión social del factor religioso ha mutado en las Américas. Las diversas realidades sociales existentes en este continente compuesto por más de novecientos millones de personas, de docenas de razas y colores, cientos de lenguas y religiones, etc., hace —científicamente— necesario que para el estudio de la relevancia civil del fenómeno religioso se tengan en cuenta otros muchos factores[1]. El transplante del Derecho Eclesiástico al marco de las Américas como Ordenamiento y disciplina académica es viable, aunque no de forma inmediata y automática[2]. Cierto es que, en buena parte de Latinoamérica cabe —tal y como se viene practicando— un trasvase bastante mediato, siempre y cuando se observen

---

[1] Las comunidades referidas de las Américas, con distinta aparición espacio-temporal y sin embargo compartiendo hoy la misma realidad social, son el resultado de diversas propuestas antropológicas y cosmogónicas: a) el animismo y totemismo de los amerindios precolombinos; b) el sincretismo de los afroamericanos originalmente esclavos; c) el monoteísmo de los colonizadores ibéricos y anglogermánicos posreformistas; d) el panteísmo de los asiáticos desde el s. XIX. Todas estas comunidades son tan americanas las unas como las otras. Véase como ejemplo el caso de los EE.UU., que se constituye de una Alaska esquimal, de una Maryland católica, de una Rhode Island judía, de una California budista, etc. Se entenderá ahora la necesidad de tipos ideales que sinteticen la visión predicable sobre las comunidades de los más de cuarenta países que conforman la Organización de Estados Americanos.

[2] Muy probablemente, igual que en España, se ha hecho Derecho Eclesiástico desde hace mucho tiempo aunque los autores no fueran conscientes de ello. El estudio de la legislación civil concerniente a materias religiosas no es algo que se debe circunscribir a las Constituciones vigentes. Sobre esta cuestión de la presencia del Derecho Eclesiástico en la Universidad española *vid.* RODRÍGUEZ BLANCO, M., "Francesco Ruffini, cronista del derecho eclesiástico español en 1895", *Quaderni di Diritto e Politica Ecclesiastica*, **1**, 2003, p. 187.

las obligadas precauciones y peculiaridades locales. Ahora bien, en el conjunto de las Américas resulta un imperativo categórico —denunciado desde la década de 1960's— atender a las otras antropologías subyacentes, como la indígena y la afroamericana, que forman parte intrínseca de la realidad social de esta parte del mundo. Por otro lado, y desde un punto de vista estrictamente académico, los países angloamericanos, como EE.UU. y Canadá, vienen estudiando la cuestión desde propuestas de la emergente Sociología Jurídica.

A continuación vamos a examinar cómo se viene estudiando la cuestión en las áreas de influjo antropológico anglosajón (países angloamericanos) y mediterráneo (países latinoamericanos):

2.1. ÁMBITO ANGLOAMERICANO

Comprende el marco de influencia de la visión antropológica anglosajona protestante (e.g., EE.UU., Canadá, Antillas y Guayanas), lo que supone una búsqueda temprana de la libertad y autonomía religiosas. Así se entiende la recepción y convivencia de diversas ramas y saberes jurídicos —a modo de un moderno *utrumque ius* [de uno y otro derecho] para un *novus ordo seculorum* [nuevo orden secular]—, causando una competencia académica muy viva y prolífera. El resultado de dicha competencia ha devenido en la consolidación de un buen número de asignaturas para el estudio de la materia, trascendiendo las limitaciones existentes hasta la década de 1950 (e.g., restricciones de impartición de asuntos religiosos en las universidades públicas; el encasillamiento de enfoques, correspondiendo el oficial a las *Law Schools* [Facultades de Derecho] y los oficiosos a las *Divinity Schools* [Facultades de Teología], etc.). Para comprender la evolución académica del estudio del impacto socio-jurídico del factor religioso es necesario tomar como referencia la experiencia estadounidense al resultar prototípica para el resto del ámbito angloamericano. Por tanto, el nudo gordiano lo encontramos a finales del s. XIX con la reglamentación modernizadora de los estudios universitarios y su sujeción a departamentos, cátedras y programas estructurados profesionalmente: el área de conocimiento interdisciplinario *American Civil Church Law* (ACCL) [Derecho Eclesiástico y Sociología Jurídica estadounidense].

El ACCL es una perfecta muestra del *utrumque ius* americano, pues integra en su seno el estudio de ramas y saberes jurídico-religiosos (e.g. *Canon Law* católico, *Jewish Law* judío, etc.) y jurídico-civiles (e.g. *Ecclesias-*

tical Law inglés, Regalismo de monarquía mediterráneas, etc.), atendiendo desde las expresiones regulatorias coloniales de las *Blue Laws* [normativa dominical] hasta las más recientes del tipo *Faith-based iniciatives and organizations rules* [normativa de asistencia religiosa][3]. Progresivamente, del núcleo común ACCL, se han ido desplegando diversas líneas de trabajo con sus correspondientes asignaturas:

A) ***Constitutional Studies*** **[Estudios Constitucionales].** Esta línea ha tenido su desarrollo primordial en las Facultades de Derecho, con un cariz positivo-formalista. Su evolución ha estado marcada por el tratamiento genérico de la religión por los preceptos constitucionales y su desarrollo jurisprudencial (con asignaturas como *Constitutional Law* [Derecho Constitucional] o *Jurisprudence* [Filosofía del Derecho], y el estudio particular sobre relaciones Iglesia-Estado y el desarrollo normativo de la libertad religiosa (con asignaturas como *Religious Liberty* [Libertad Religiosa] y expresamente ACCL). A partir de la década de 1990, se han acercado posiciones gracias al impulso del estudio especializado a través de *First Amendment Studies* [Estudios sobre la Primera enmienda constitucional] y asignaturas avanzadas como *Freedom of Religion Seminary* [Seminario de Libertad Religiosa].

B) ***Church-State Studies*** **(CSS) [Estudios de Iglesia-Estado].** Su desarrollo se ha producido en las Facultades de Teología y Humanidades, bajo enfoques filosófico-historicistas, así como politológicos y sociológicos. La asignatura clave ha sido *Church-State Relations* [Relaciones Iglesia-Estado]. Hoy en día se ha convertido en el bastión de la disciplina hasta el punto de sustituir la expresión ACCL, y aplicarse CSS para las tres vertientes aquí explicadas.

C) ***Religion ands/&*** **[Estudios de Religión-Derecho-Sociedad].** Es la visión más reciente y ecléctica, consolidada sobre todo en las Facultades de Humanidades y Comunicación. Su origen está en los *Critical & Cultural Studies* [Estudios Críticos y Culturales], desde propuestas neomarxistas en los departamentos de Lengua y Literatura, pero hoy en día se da cabida a todo enfoque imaginable (e.g. antropológico, geoestratégico, etc.). Así se entiende que las asignaturas reciban la denominación *Religion ands*, pues entre los rótulos frecuentes suelen figurar *Religion and Law*, *Religion and Bioethics*, *Religion and Public Policy*, y demás.

---

[3] Las traducciones no son literales, sino adaptadas a la comprensión del lector hispanohablante.

En cuanto a los centros que han impulsado el estudio de la materia, cabe reseñar que, pese a que las Universidades del *Ivy League* [Club de la hiedra] (e.g. Harvard, Princeton, Yale, Vanderbilt, Notre Dame, Stanford, etc.) nunca han llegado a abandonar del todo su tradición en los *Religious Liberty/Church-State Studies*, corresponde el mérito de su relanzamiento generalizado y de forma prestigiosa (de las asignaturas y sus centros de investigación) a las Universidades confesionales, como la bautista de Baylor University (J.M. *Dawson Institute of Church-State Studies*), la católica de DePaul University (*Center for Church-State Studies*), la mormona de Brigham Young University (*International Center for Law and Religión Studies*) —incluso adquieren gran relevancia los *think tanks* [centros de investigación de alto rendimiento], como *Wabash Center o Heritage Foundation*, más las asociaciones de abogados, como *Christian Law Association o Christian Legal Society*. Otras Universidades, en cambio, han preferido potenciar la disciplina en su currículo académico a través de la tendencia pujante de Religion ands (bien desde los campos de trabajo de *International Affairs* [Relaciones Internacionales], *Public Policy* [Políticas Públicas], o *Religious Laws* [Ordenamientos Confesionales]), como es el caso de Emory University (*Center for the Study of Law and Religion*), The Catholic University of America (*Law and Religión Program*), The University of Virginia (*Center on Religion and Democracy*), Samford University (*Program on Religión and Law*)[4].

---

[4] Otros centros relevantes con estudios sobre Iglesia-Estado son *Valparaíso University* y *Dickinson Law School*; en estudios de Derecho y Religión son Hamline University (*Law, Religión and Ethics*) y The *Rockefeller Institute of Goverment* (Religion and Social Welfare Politicy*)*; en dobles licenciaturas, por ejemplo, destaca The *University of Louisville* (dual degrees in Divinity and Law) o *Duke University* (*Doctoral Program in Christianity and Politics*). *Lilly Foundation* ha financiado, no sólo programas de estudios (como los mencionados), sino también, proyectos de investigación, del tipo de Project on Church and State-Princeton University, a cargo del prof. J.F. Wilson. Entre Universidades públicas y privadas (State Colleges and Universities, Independent and Religious Affiliated Colleges and Universities, Seminaries and Graduate Schools of Religión, Law Schools —se excluyen las *Bible Schools*—), cerca de quinientos centros de educación superior ofertan más de setecientos cursos en sus programas académicos. Cfr. DAVIS, D.H., HAENER, R.H., "An examination of Church-State Curriculum in American Higher Education", *Journal of Church and State*, vol. 38, 1996, pp. 155 y ss. y, WOOD, J., "The Place of Church-State Studies in the University", *Journal of Church and State*, vol. 35, 1993, pp. 131 y ss. Un buen indicador de estas nuevas tendencias es la publicación periódica de "Religion and the Public Order. An annual review of Church and State and of Religion, Law and Society", editada por Giannella, de 1963-68 por The University of Chicago Press, y desde 1968 por Cornell University Press. Así como,

Respecto a la producción académica más atractiva y de mayor índice de impacto en la última década, son dignas de mención las siguientes obras: a) monografías sobre la religión como una corporación, que son estudios críticos sobre la dimensión más secular de la religión y su impronta en la vida social[5]; b) guías sobre asesoría jurídica y económica, que aportan consejos para la correcta administración de una parroquia (o equivalentes), y sus interacciones con los poderes públicos[6]; c) lecturas sobre consultoría de actividades religiosas y de asistencia social, las cuales sirven de guía para el ejercicio del ministerio religioso y la mejora de las relaciones entre la parroquia (o equivalentes) y el vecindario, en su prestación de servicios sociales y apoyo de marginados (e.g. asistencia benéfica, patrocinio de equipos deportivos infantiles, grupos de terapia para adicciones, centros de reunión para

---

con una visión completa de los temas de ACCL, puede consultarse "Religious Freedom Reporter", publicada por Alliance Defense Fund.

[5] *Vid.*, entre otros, NOVAK, M., *The Catholic Ethic and the Spirit of Capitalism*, Free Press, New York, 1993; CARLSON-THIES, S.W., SKILLEN, J.W. (eds.), *Welfare in America: Christian Perspectives on a Policy in Crisis*, Grand Rapids, 1996; BUDDE, M., *The (Magic) Kingdom of God: Christianity and Global Culture Industries*, Boulder, 1997; LOCONTE, J., *Seducing the Samaritan: How Government contracts are reshaping social services*, Boston, 1997; DEMERATH, N.J., *et al.*, *Sacred Companies*, New York, 1997; DAVIS, D., HANKINS, B. (eds.), *Welfare reform and Faith-based organizations*, Waco, 1999 y BUDDE, M., BRIMLOW, R., *Christianity incorporated. How big business is buying the church*, Grand Rapids, 2002.

[6] *Vid.*, entre otros, POLLACK, D.R., *Business Management in the Local Church*, Chicago, 1992; COUSER, R.B., *Ministry and the American Legal System. A Guide for Clergy, Lay workers, and Congregations*, Minneapolis, 1993; CHAFFEE, P., *Accountable Leadership: resources for worshipping communities: a Guide through Legal, Financial, and Ethical Issues facing Congregations today*, San Francisco, 1993; MAZUR, C.S., BULLIS, R.K., *Legal issues and religious counseling*, Louisville, 1993; LYNN, B., *et al.*, *The Right to Religious Liberty*, The Basic ACLU *Guide to Religious Rights*, Edwardsville, 1995; STAVER, M.D., *Faith & Freedom. A complete handbook for defending your religious rights*, Wheaton, 1995; SCHAUEHNESSY, M.A., *Ministry and the Law. What you need to know*, Mahwah, 1998; ANGLIM, C.T., *Contemporary Legal Issues. Religion and the Law. A Dictionary*, Santa Barbara, 1999; BULLIS, R.K., *Sacred calling, secular accountability. Law and Ethics in complementary and spiritual counseling*, Philadelphia, 2001; BASSETT, W.W., *Religious organizations and the Law*, vol. 1-2, Danvers, 2002; ESBECK, C.H., *The regulation of religious organizations as recipients of Governmental assistance*, Washington D.C., 1996; TAYLOR, T.F., *7 Deadly Lawsuits. How Ministers can avoid litigation and regulation*, Nashville, 1996; HAMMAR, R.R., *Pastor, Church and Law, Christian Ministry Resources*, Matthews, 2000; JASPER, M.C., *Religion and the Law*, Dobbs Ferry, 1998; *Legal Guide for Day-to-Day Church Matters, A handbook for pastors and church members*, Cleveland, 1994 y REMLEY, T.P., HERLIHY, B., *Ethical, Legal, and Professional Issues in Counselling*, Pearson, 2006.

mayores y veteranos, etc.)[7] y, d) lecturas institucionales, que son aquellas guías prácticas elaboradas por las instituciones públicas y los centros de investigación de alto rendimiento (se puede obtener copia gratuita en las páginas electrónicas oficiales)[8].

2.2. ÁMBITO LATINOAMERICANO

Se alude bajo la presente denominación al marco de influencia de la visión antropológica euromediterránea católica (de México a Argentina y Chile, sin olvidar el Caribe). Su concepción de la materia no ha sido tan sociológica como la mencionada en el ámbito angloamericano, sino más bien, se ha ido reconociendo, protegiendo y promocionando la regulación del factor religioso desde planteamientos conservadores y muy diferidos en su aplicación, procurándose así la conciliación de las instituciones del Antiguo régimen (feudal europeo) y el marco del Nuevo mundo (moderno americano). Luego, lo que más ha importado a cada gobernante ha sido implantar su propuesta de modelo ideal en las relaciones Iglesia-Estado, y mucho tiempo después, se ha extendido el modelo regulador a las cuestiones relativas al ejercicio de la libertad religiosa. Dicho con otras palabras, si contrastamos el devenir del ámbito latinoamericano con el angloamericano, se observa que el latinoame-

---

[7] *Vid.*, entre otros, COLLINS, G.R., *Excellence and Ethics in Counseling*, 1991; ANTHONY, M.J., *The effective Church Board: A Handbook for mentoring and training servant leaders*, Grand Rapids, 1993; SANDERS, R.K., *Christian Counselling Ethics: a handbook for therapists, pastors and counsellors*. Downers Grove: InterVasity Press, 1997; COCHRAN, C.E., *Accountability Guidelines for Government and Social Ministries*, Washington D.C., 1998; COTTONE, R.R., TARVYDAS, V.M., *Ethical and Professional Issues in Counseling*, Prentice Hall, 2002 y ELLIOT, L.D. y ELLIOT, E., *How Can I Help?: Caring for People Without Harming Them or Yourself*, Chosen Books, 2003.

[8] *Vid.*, entre otros, VV.AA., *Guidance to Faith-based and Community Organizations on Partnering with the Federal Government*, White House, 2001; LUPU, I. C.; TUTTLE, R. W., *The Roundtable on Religion and Social Welfare Policy. The State of the Law: Developments in the Law concerning Government partnerships with religious organizations*, Washington D.C., 2003; *The Roundtable on Religion and Social Welfare Policy. The State of the Law: Partnerships between Government and Faith-Based Organizations*, Washington, D.C., 2004; VV.AA., *Religious Liberty Council Issue Guide. Advocating Religious Liberty in the Public Square*, Religious Liberty Council, 2002; VV.AA., *Religious Freedom in Focus* (vols. 1-26), U.S. Department of Justice, 2004-07; VV.AA., *Guidelines for Political Activities by Churches and Pastors*, Alliance Defense Fund, 2006; VV.AA., *Tax Guide for Churches and Religious Organizations. Benefits and responsabilities under the Federal Tax Law*, Internal Revenue Service, 2006 y VV.AA., *Report on Enforcement of Laws Protecting Religious Freedom*, U.S. Department of Justice, 2007.

ricano ha estado en manos de unas oligarquías que han impedido un desarrollo progresivo y programático de las garantías suficientes para la efectiva realización de la pluralidad religiosa —y con ello, el tránsito a una auténtica Modernidad—, de ahí que, cuando en el último siglo se ha procurado su impulso real, las tensiones sociales han sido mayores y en términos sustitutorios ideológicos: cuando las religiones tradicionales han empezado a secularizarse —conviviendo el catolicismo dominante con otras confesiones—, las ideologías (neomarxistas e indigenistas) han pretendido suplantarlas y copar toda la arena pública, dando lugar a similares situaciones oligárquicas del pasado.

Así, se ha pasado de un estudio de las ramas y saberes jurídicos sobre el factor religioso en Latinoamérica (e.g., Derecho de Indias y Patronazgo, Derecho Canónico, etc.), a su tratamiento universitario desde dos vertientes recientes de suma pujanza: a) eclesiasticistas latinoamericanos, que con buen criterio y excelente saber hacer están procurando en los últimos años no sólo trasladar el modelo de Derecho Eclesiástico europeo a su región, sino que además pretenden definir propuestas idiosincrásicas; b) sociocomunicadores latinoamericanos, en cuyo eclecticismo —muy heterodoxo y voluntarista—, aún no han logrado observar el suficiente grado de cientificidad sociojurídica, quedándose únicamente en el *desideratum* discursivo de promocionar otras visiones antropológicas marginadas (e.g., indoamericana, afroamericana, asioamericana, etc.).

El Derecho Eclesiástico ha experimentado en las dos últimas décadas un notable desarrollo y crecimiento en los ámbitos universitarios latinoamericanos. Una prueba del florecimiento del Derecho Eclesiástico en Latinoamérica es la instauración de su enseñanza en centros universitarios y la creación de institutos científicos destinados a la investigación y difusión de esta materia, entre los que cabe mencionar el Instituto de Derecho Eclesiástico de la Pontificia Universidad Católica del Perú[9], el Instituto de Derecho Eclesiástico de la Pontificia Universidad Católica Argentina[10] y el Centro de Libertad Religiosa de la Pontificia Universidad Católica de Chile[11].

---

[9] El Instituto de Derecho Eclesiástico de la Pontificia Universidad Católica del Perú, dirigido por Carlos Valderrama Adriansén, emite un Boletín Legal destinado a informar sobre el devenir jurídico de las confesiones religiosas en el Perú. *Vid.* URL: www.idecperu.com

[10] Ariel David Busso es el Director del Instituto de Derecho Eclesiástico de la Facultad de Derecho Canónico.

[11] El objetivo general del Centro de Libertad Religiosa chileno, dirigido por Ana María Celis Brunet, es el estudio, análisis y promoción de la libertad religiosa fundada en la

Entre las instituciones latinoamericanas que ayudan al estudio y desarrollo del Derecho Eclesiástico cabe destacar el Consejo Argentino para la Libertad Religiosa (CALIR) y el Consorcio Latinoamericano de Libertad Religiosa. El CALIR, integrado por juristas y personas de reconocida trayectoria en temas referidos a la libertad religiosa, fue creado en el año 2000 y tiene entre sus objetivos promover el derecho fundamental de libertad religiosa y de conciencia en todas sus expresiones individuales y colectivas, así como la celebración de congresos[12] y la realización de publicaciones[13].

Por su parte, el Consorcio Latinoamericano de Libertad Religiosa puede considerarse la institución más importante en la consolidación y desarrollo del Derecho Eclesiástico en Latinoamérica. Fue constituido en Lima en el año 2000, con el objeto de constituir un foro permanente de reflexión, investigación y promoción del derecho de libertad religiosa, "especialmente con miras a tener uniformidad continental en los criterios jurídicos sobre el derecho a la libertad religiosa y sobre las relaciones jurídicas Iglesia-Estado"[14]. Los eclesiasticistas que conforman el Consorcio pertenecen a diversos países de América Latina y su principal actividad consiste en un intercambio académico durante su reunión anual. Así, han llevado a cabo los siguientes encuentros: El II Coloquio, realizado en la Facultad de Derecho de la Universidad Católica de Valparaíso (*Objeción de conciencia*", 2002); el III Coloquio se desarrolló en la Facultad de Derecho Canónico de la Uni-

---

dignidad de la persona humana, desde una perspectiva jurídica. Sus objetivos específicos se refieren: 1º) al estudio de la normativa y jurisprudencia nacional e internacional relativa a la libertad religiosa; 2º) a la promoción de la valoración de la libertad religiosa en cuanto principio rector del Estado de Derecho; 3º) a servir a la Iglesia católica en Chile en lo que atañe a la libertad religiosa en las relaciones Iglesia y Estado y 4º) a crear instancias de diálogo entre los cristianos, los que pertenecen a distintas religiones y los no creyentes. Es muy destacable el Boletín Jurídico mensual llevado a cabo por este Centro en el que se incluye normativa y jurisprudencia actualizada así como artículos doctrinales, *vid.* URL: www.celir.cl

[12] Entre las distintas actividades llevadas a cabo en el CALIR cabe destacar la excelente organización del Congreso Internacional "La Libertad Religiosa, origen de todas las Libertades", celebrado los días 28 y 29 de abril de 2008 en la Facultad de Derecho de la Universidad Católica Argentina. Una lectura de algunas de las ponencias presentadas en este congreso, *vid.* URL: www.calir.org.ar

[13] Las principales publicaciones del CALIR son: BOSCA, R. (coord.), *La libertad religiosa en la Argentina. Aportes para una legislación*, Argentina, 2003 y BOSCA, R., NAVARRO FLORIA, J.G. (coords.), *La libertad religiosa en el Derecho Argentino*, Argentina, 2007.

[14] Acta de Constitución, Lima 22 de septiembre de 2000. Tras la culminación del primer Congreso sobre libertad religiosa celebrado en el auditorio de la Facultad de Derecho de la Pontificia Universidad Católica del Perú (del 19 al 22 de septiembre de 2000) se constituyó el Consorcio Latinoamericano de Libertad Religiosa.

versidad Católica Argentina (*"La libertad religiosa en la sociedad plural de América latina"*, 2003); el IV encuentro tuvo como sede la Pontificia Universidad Católica de Chile (*"La presencia de lo religioso en el ámbito público"*, 2004); el V Coloquio se celebró durante en Ciudad de México gracias a la coordinación de la Dirección de Asuntos Religiosos de la Secretaría de Gobernación (*"El reconocimiento jurídico de las iglesias o asociaciones religiosas y el Estado"*, 2005); el VI Coloquio se llevó a cabo en Río de Janeiro (*"Religión y Medios-Visión jurídica"*, 2006); el VII Coloquio se realizó en Bogotá (*"Matrimonio civil y matrimonio religioso en América Latina"*, 2007) y el VIII Coloquio tuvo lugar en la Fundación Navarro Viola de Buenos Aires (*"Asistencia religiosa en las Fuerzas Armadas y de Seguridad"*, 2008).

En los últimos años se han publicado distintos trabajos dedicados a analizar, de forma global, el Derecho Eclesiástico en Latinoamericana[15] y, más específicamente, el Derecho Eclesiástico de determinados países como es el caso de Argentina[16], de Chile[17], de Colombia[18], de México[19], de Perú[20] y de Uruguay[21].

---

[15] *Vid.* NAVARRO FLORIA, J.G., *La legislación en materia de libertad religiosa en América Latina y en especial en la República Argentina*, "Anuario de Derecho Eclesiástico del Estado", 1997, pp. 173-182 y *La libertad religiosa y el Derecho Eclesiástico en América del Sur*, "Conciencia y Libertad", 2002, pp. 28-53.

[16] *Vid.* BOSCA, R., "El Derecho Eclesiástico en la Argentina: Reseña legislativa y jurisprudencial", *Anuario de Derecho Eclesiástico del Estado*, 1987, pp. 461-482; LO PRETE, O., "Consideraciones sobre la libertad religiosa en la Argentina", *Anuario de Derecho Canónico*, **XII**, 2005, pp. 379-393; NAVARRO FLORIA, J.G., "Iglesia, Estado y libertad religiosa en la Constitución reformada de la República Argentina", *Anuario de Derecho Eclesiástico del Estado*, 1996, pp. 543-558; "Panorama del Derecho Eclesiástico Argentino", *Anuario de Derecho Eclesiástico del Estado*, 2001, pp. 101-122; "The relations between Church and State in the Argentine Republic", *European Journal for Church and State Research*, 2002, pp. 335-349; "Religious freedom in the Argentine Republic: Twenty years after the Declaration on the Elimination of Intolerance and Religious Discrimination", *Brigham Young University Law Review*, **2**, 2002, pp. 341-352; "Algunas cuestiones actuales de Derecho Eclesiástico argentino", *Anuario de Derecho Eclesiástico del Estado*, 2005, pp. 301-325 y "Chiesa e Stato in Argentina", *Quaderni di Diritto e Politica Ecclesiastica*, **1**, 2007, pp. 27-42. Por su parte, especial mención merece la labor de Luis María De Ruschi, Octavio Lo Prete y Juan G. Navarro Floria en volumen recopilatorio titulado *Digesto de Derecho Eclesiástico Argentino*, Buenos Aires, 2001.

[17] *Vid.* SALINAS ARANEDA, C., "La libertad religiosa en Chile", *Conciencia y Libertad*, 2002, pp. 54-91 y CELIS BRUNET, A.Mª., "Chiesa e Stato in Cile", *Quaderni di Diritto e Politica Ecclesiastica*, **1**, 2007, pp. 43-65.

De las Actas de los congresos latinoamericanos anteriormente citados podemos destacar trabajos relativos a los temas propios del Derecho Eclesiástico como: la presencia de lo religioso en el espacio público[22], los ministros de culto[23], la enseñanza[24] o el régimen jurídico de las confesiones religiosas[25].

---

[18] *Vid.* CASTAÑEDA, I.M., "El estatuto jurídico del hecho religioso en Colombia", *Conciencia y Libertad*, 2002, pp. 128-163 y PRIETO, V., "Chiesa e Stato in Colombia", *Quaderni di Diritto e Politica Ecclesiastica*, **1**, 2007, pp. 67-85.

[19] *Vid.* GONZÁLEZ SCHMALL, R., "Situación actual del Derecho Eclesiástico del Estado Mexicano", *Conciencia y Libertad*, 2002, pp. 92-108.

[20] *Vid.* DÍAZ MUÑOZ, O., "Libertad de conciencia y de religión en la reforma constitucional peruana", *Conciencia y Libertad*, 2002, pp. 110-127; HUACO PALOMINO, M.A., *Derecho de la religión. El principio y derecho de libertad religiosa en el ordenamiento peruano*, Lima, 2005 y VALDERRAMA ADRIANSÉN, C., "Chiesa e Stato in Perú. Alle radici dell'identitá nazionale", *Quaderni di Diritto e Politica Ecclesiastica*, **1**, 2007, pp. 133-149.

[21] *Vid.* ASIAÍN, C., "Chiesa e Stato in Uruguay", *Quaderni di Diritto e Politica Ecclesiastica*, **1**, 2007, pp. 87-105 y *El gran desafío del Derecho Eclesiástico (o religioso) del Estado en Uruguay: Su existencia misma como rama del Derecho*, en URL: www.libertadreligiosa.net.

[22] *Vid.* PADILLA, N., *Argentina: Consideraciones sobre la presencia de lo religioso en el ámbito público*, en VV.AA., *Actas del IV Coloquio del Consorcio Latinoamericano de Libertad Religiosa*, 2005, pp. 17-36; ASIAÍN PEREIRA, C., *La presencia de lo religioso en el ámbito público en el Uruguay: De la iconoclasta a la tímida tolerancia*, en VV.AA., *Actas del IV Coloquio del Consorcio Latinoamericano...*, *op. cit.*, pp. 37-81; GONZÁLEZ SANDOVAL, S., *Desafíos actuales para la Iglesia católica dentro del contexto constitucional colombiano*, en AA.VV., *Actas del IV Coloquio del Consorcio Latinoamericano...*, *op. cit.*, pp. 83-90; CASTRO ESTRADA, A., *El Estado mexicano y la libertad religiosa. Doce años de nueva apertura*, en AA.VV., *Actas del IV Coloquio del Consorcio Latinoamericano...*, *op. cit.*, pp. 91-99 y PRECHT PIZARRO, J., *El ámbito de lo público y la presencia de la Iglesia católica en Chile: De la Ley 19.638 a la Ley 19.947*, en AA.VV., *Actas del IV Coloquio del Consorcio Latinoamericano...*, *op. cit.*, pp. 103-121.

[23] *Vid.* NAVARRO FLORIA, J.G., *Presencia de los ministros de culto en actos o espacios públicos*, en VV.AA., *Actas del IV Coloquio del Consorcio Latinoamericano...*, *op. cit.*, pp. 135-157; DOMÍNGUEZ HIDALGO, C., *La responsabilidad civil en materia de daños causados por un clérigo en el Derecho chileno: líneas de reflexión*, en AA.VV., *Actas del IV Coloquio del Consorcio Latinoamericano...*, *op. cit.*, pp. 159-171 y PIMSTEIN, M.ª E., *Responsabilidad civil de la Iglesia por delitos cometidos por clérigos en Chile: Un caso reciente*, en VV.AA., *Actas del IV Coloquio del Consorcio Latinoamericano...*, *op. cit.*, pp. 173-179.

[24] *Vid.* TRAHTEMBERG, L., "La educación judía frente al régimen de libertad religiosa (los casos de EE.UU., Israel y Perú)", en VV.AA., *Libertad Religiosa. Actas del Congreso Latinoamericano de Libertad Religiosa Lima-Perú (setiembre, 2000)*, Lima, 2001, pp. 260 y ss.; FLORES SANTANA, G., "La experiencia de las Universidades Católicas en el Perú", en VV.AA., *Libertad Religiosa. Actas del Congreso Latinoamericano de Libertad Religiosa Lima-Perú...*, *op. cit.*, pp. 327-341; REINOSO, H., "La educación católica y el Estado ecuatoriano", en VV.AA., *Libertad Religiosa. Actas del Congreso Latinoamericano de Liber-*

Por otro lado, existen varias obras de conjunto que merecen ser destacadas: en el caso del Derecho argentino, hay que reseñar el volumen titulado *La libertad religiosa en España y Argentina*[26]. Este libro, dedicado al estudio comparativo de la regulación del factor religioso en España y Argentina, es el resultado del primer proyecto de investigación realizado sobre cuestiones de Derecho Eclesiástico en el que colaboran docentes de centros de investigación de ambos países.

Los motivos para llevar a cabo el análisis comparativo fueron los varios puntos de coincidencia existentes entre ambos países: igual que sucede en España con las Comunidades Autónomas, en Argentina, las provincias que integran la república federal tienen competencias junto al Gobierno so-

---

tad Religiosa Lima-Perú…, *op. cit.*, pp. 263-275; LARA CORREDOR, D.E., "La libertad religiosa y el problema de la educación", en VV.AA., *Actas del IV Coloquio del Consorcio Latinoamericano…, op. cit.*, pp. 197-217; JONES J., J.M., "La educación pública frente a la libertad religiosa. Argumentos sobre la naturaleza y el propósito de la educación religiosa en la educación pública", en VV.AA., *V Coloquio del Consorcio Latinoamericano de Libertad Religiosa*, México, D.F., 2005, pp. 43 y ss.; DOMÍNGUEZ H., C., "La libertad en materia de enseñanza religiosa en Chile. Un apunte general con especial referencia a temas de responsabilidad civil", en VV.AA., *V Coloquio del Consorcio Latinoamericano…, op. cit.*, pp. 1 y ss.; KOWALIK, A., "Principios de relações Estado-Igreja em particular na legislação brasileira", en VV.AA., *V Coloquio del Consorcio Latinoamericano…, op. cit.*, pp. 253 y ss., y, DOXEY, G., "La educación frente a la libertad religiosa", en VV.AA., *V Coloquio del Consorcio Latinoamericano…, op. cit.*, pp. 23 y ss.

[25] *Vid.*, NAVARRO FLORIA, J.G., "El reconocimiento jurídico de las iglesias, comunidades y entidades religiosas", en VV.AA., *V Coloquio del Consorcio Latinoamericano…, op. cit.*, pp. 113 y ss.; CELIS B., A.Mª, "Reconocimiento jurídico de las asociaciones religiosas o iglesias y su relación con el Estado en la República de Chile", en VV.AA., *V Coloquio del Consorcio Latinoamericano…, op. cit.*, pp. 135 y ss.; PADILLA, N., "El reconocimiento de las confesiones religiosas en la Argentina", en VV.AA., *V Coloquio del Consorcio Latinoamericano…, op. cit.*, pp. 163 y ss.; CALVI DEL RISCO, J.A., "Reconocimiento jurídico de las confesiones o asociaciones religiosas y su relación con el Estado en el Perú", en VV.AA., *V Coloquio del Consorcio Latinoamericano…, op. cit.*, pp. 177 y ss, y CASTRO ESTRADA, A., "El reconocimiento jurídico de las asociaciones religiosas en México y su relación con el Estado", en VV.AA., *V Coloquio del Consorcio Latinoamericano…, op. cit.*, pp. 301 y ss. Sobre el régimen jurídico de las confesiones religiosas en Latinoamérica, *vid.* GONZÁLEZ SÁNCHEZ, M., "El régimen jurídico público de las entidades religiosas en Iberoamérica", en MARTÍN, Mª. M. (ed.), *Entidades eclesiásticas y derecho de los Estados*, Granada, 2006, pp. 247-259 y, "Il regime giuridico delle confessioni religiose in América Latina", *Quaderni di Diritto e politica ecclesiastica*, **1**, 2007, pp. 151-168.

[26] MARTÍN SÁNCHEZ, I., NAVARRO FLORIA, J.G. (coords.), *La libertad religiosa en España y Argentina*, Madrid, 2005. Otro libro reciente dedicado al Derecho Eclesiástico argentino es el ya citado: BOSCA, R., NAVARRO FLORIA, J.G. (Coords.), *La libertad religiosa en el Derecho Argentino*, Buenos Aires, 2007.

bre la libertad religiosa; en ambos países se ha producido la transición de un régimen dictatorial a una democracia; en ambos países la Iglesia católica se sitúa en una posición de superioridad respecto del resto de confesiones; en ambos países existe una colaboración económica estatal con las confesiones religiosas; la Ley de Libertad religiosa española es tomada como modelo para la que desde hace años se intenta aprobar en Argentina, etc.

Las cuestiones analizadas en el volumen son los temas clásicos del eclesiasticismo. Sin entrar a describirlos, señalaremos que se divide en ocho capítulos del siguiente modo: el capítulo I, dedicado al derecho a practicar la religión; el capítulo II, dedicado al patrimonio cultural de las confesiones religiosas; el capítulo III, dedicado a la asistencia religiosa; el capítulo IV, dedicado a los ministros de culto[27]; el capítulo V, dedicado a las confesiones religiosas[28]; el capítulo VI, dedicado a la enseñanza; el capítulo VII, dedicado a la financiación de las confesiones religiosas[29] y, el capítulo VIII, dedicado a la objeción de conciencia[30].

Otros libros que abordan de manera sistemática, completa y actual los temas más interesantes del Derecho Eclesiástico son, en el ámbito jurídico chileno, el de Carlos Salinas Araneda, titulado *Lecciones de Derecho Eclesiástico del Estado de Chile*[31] y, el de Jorge Precht Pizarro titulado *Es-*

[27] Aunque no son ministros de culto, cabe citar el interesante libro que plantea el régimen jurídico de los religiosos escrito por NAVARRO FLORIA, J.G., HEREDIA, C., *Régimen jurídico de los religiosos y de los institutos de vida consagrada*, Buenos Aires, 1997.

[28] Sobre la dimensión colectiva de la libertad religiosa y las sectas vid., BAAMONDE, J.M., ROLDÁN, L.E., BACH DE CHAZAL, R., *Libertad religiosa, cultos y sectas en la Argentina (análisis crítico del anteproyecto de ley de libertad religiosa de la Secretaría de Culto)*, Buenos Aires, 2001.

[29] Sobre la cuestión, vid. NAVARRO FLORIA, J.G., "El financiamiento de las confesiones religiosas en la República Argentina", *Il Diritto Ecclesiastico*, **3-4**, 2006, pp. 277 y ss., y GENTILE, J.H., *El sostenimiento del culto*, en URL: www.calir.org.ar

[30] Sobre la problemática de la objeción de conciencia, vid., igualmente, NAVARRO FLORIA, J.G., *El derecho a la objeción de conciencia*, Buenos Aires, 2004.

[31] SALINAS ARANEDA, C., *Lecciones de Derecho Eclesiástico del Estado de Chile*, Valparaíso, 2004. El libro arranca con una exposición de las relaciones entre el poder temporal y el poder espiritual en la historia (capítulo primero); el capítulo segundo sitúa el nacimiento del Derecho Eclesiástico como disciplina autónoma; el capítulo tercero se dedica a la libertad religiosa como derecho humano; en el capítulo cuarto se estudia la libertad religiosa en la sociedad contemporánea; los principios informadores son analizados en el capítulo quinto y las fuentes del Derecho Eclesiástico en el siguiente; los sucesivos capítulos se dedican a la personalidad jurídica de las entidades religiosas en el derecho chileno (capítulo séptimo), su régimen patrimonial (capítulo octavo), su régimen tributario (capítulo noveno) y la asistencia religiosa (capítulo décimo). Concluye con un anexo bibliográfico de Derecho Eclesiástico del Estado de Chile.

tudios sobre Libertad Religiosa en Chile[32]. En el ámbito jurídico colombiano, el manual de Vicente Prieto titulado *Libertad religiosa y confesiones. Derecho Eclesiástico del Estado colombiano*[33] y, en México, el ya citado de Raúl González Schmal: *Derecho Eclesiástico Mexicano*[34].

Estos manuales de Derecho Eclesiástico son utilizados por los alumnos de algunas Universidades latinoamericanas que incluyen la disciplina de Derecho Eclesiástico en sus planes de estudios de Derecho. Como hemos señalado, estas obras reflejan los temas específicos propios de la disciplina y ponen de manifiesto su valor científico y constituyen un referente para el resto de países del entorno geográfico.

---

[32] PRECHT PIZARRO, J., *15 Estudios sobre Libertad Religiosa en Chile*, Santiago, 2006. Este libro agrupa quince estudios sobre libertad religiosa en Chile: tras una introducción sobre el concepto de libertad religiosa, se analizan el marco constitucional chileno (dos estudios), la Ley 19638 de constitución jurídica de iglesias y organizaciones religiosas (tres estudios) y la reciente Ley 19947 de matrimonio civil (cinco estudios), finalizando con un análisis general sobre la Iglesia Católica en Chile.
Reseñar del mismo autor el volumen titulado *Derecho Eclesiástico del Estado de Chile, Análisis históricos y doctrinales*, Santiago, 2001.

[33] PRIETO, V., *Libertad religiosa y confesiones. Derecho Eclesiástico del Estado colombiano*, Bogotá, 2008. El libro consta de cuatro capítulos y cuatro anexos. Comienza con un marco introductorio con referencias a la noción histórica y autonomía científica del Derecho Eclesiástico; continúa con una breve historia de las relaciones Iglesia-Estado (capítulo segundo) y dedica el capítulo siguiente al análisis de la libertad religiosa como derecho humano. El último capítulo es el más extenso y está dedicado al Derecho Eclesiástico del Estado colombiano.

[34] GONZÁLEZ SCHMAL, R., *Derecho Eclesiástico Mexicano*, México, 1997. Hay que destacarse, igualmente, el volumen de GONZÁLEZ FERNÁNDEZ, J.A., RUIZ MASSIEU, J.F., SOBERANES FERNÁNDEZ, J.L., *Derecho Eclesiástico Mexicano*, México, 1992. Este trabajo recoge tres artículos doctrinales (*Las relaciones entre las Iglesias y el Estado mexicano*; *Hacia un Derecho Eclesiástico mexicano* y *La nueva ley reglamentaria*, respectivamente), así como las principales leyes del Derecho Eclesiástico mexicano.
Otros artículos relativos a cuestiones concretas del Derecho Eclesiástico en México, *vid.* SOBERANES FERNÁNDEZ, J.L., "Libertad religiosa y medios de comunicación social en México", en VV.AA., *Derecho fundamental de libertad religiosa*, México, 1994, pp. 179-186; PACHECO ESCOBEDO, A., "Efectos civiles del matrimonio canónico según la legislación mexicana", en VV.AA., *Derecho fundamental de libertad religiosa..., op. cit.*, pp. 147-164 y ADAME GODDARD, J., "La objeción de conciencia en el Derecho mexicano o el amparo a la libertad religiosa", en VV.AA., *Derecho fundamental de libertad religiosa..., op. cit.*, pp. 7-16.

CAPÍTULO 3
ENFOQUE *LIBERTAS ECCLESIAE*: DE LOS MODELOS RELACIONALES IGLESIA-ESTADO

Hablar de relaciones Iglesia-Estado es poner de manifiesto ya desde un principio cuál es la visión antropológica subyacente, o sea, la dominante en Europa y pretendidamente trasvasada al Nuevo Mundo: la judeocristiana. Es ésta la que concibe estructuras de organización y administración tan definidas, como son —de más a menos— las iglesias, las confesiones, las sectas, los cultos, los credos, etc. Ahora bien, el trasplante a las Américas —otra evidencia de que no hay una única América—, es que en el ámbito angloamericano, la visión reformista protestante ha facilitado un tránsito a una concepción pos-judeocristiana[1], más propensa a la popularización y pluralidad de propuestas, favoreciéndose así la consolidación socio-jurídica de la libertad y autonomía religiosa, propias de la Modernidad. En cambio, en el ámbito latinoamericano, la continuidad y predominio de la visión católica ha dificultado la secularización, por lo que la misma ha sido muy tardía y acelerada, sustituyéndose el cuasi-monopolio de conocimiento religioso tradicional por el ideológico moderno, con lo que la auténtica consolidación de la libertad y autonomía religiosa ha quedado en entredicho. La Iglesia católica ha ido perdiendo su monopolio —y en muchos casos, a iniciativa propia, tras el Concilio Vaticano II, de donde surgieron teologías de la liberación y exigencias a dictadores para el reconocimiento de la libertad religiosa—, con lo que en la actualidad, se ha convertido en un agente de oposición al creciente monopolio que aspira a la fusión del nacionalismo con el socialismo (e.g. zapatistas, montoneros, castristas, sandinistas, etc.) y hoy en día, además, con el indigenismo (e.g., América Andina y Mesoamérica, sobre todo).

---

[1] *Vid.* SÁNCHEZ-BAYÓN, A., *La Modernidad sin prejuicios. La religión en los asuntos públicos estadounidenses* (vols. 1 y 2), Madrid, 2008 y, *Manual de Sociología Jurídica Estadounidense. Del Poder, lo sagrado y la libertad en la Modernidad Occidental*, Madrid, 2008.

Luego, las propuestas europeas de modelos relacionales Iglesia-Estado y sus principios rectores del modelo actual de neutralidad, queda claro que son insuficientes para comprender la realidad social de las Américas, aunque bien sirven para sintetizar los tipos ideales de referencia. Debemos, por tanto, hacer a continuación una breve alusión a los distintos modelos relacionales Iglesia-Estado en Occidente.

3.1. LAS RELACIONES IGLESIA-ESTADO

En una primera aproximación, tanto la Iglesia y la religión, como el Estado y el Derecho, se presentan como instituciones de realidades sociales distintas, que actúan en campos separados. Mientras que la religión se corresponde con un orden relativo, principalmente, al fuero interno del ser humano, en cambio, al Derecho se le relaciona con la dimensión externa del hombre, al quedar relacionado con la comunidad política —que a su vez puede conformarse de diversas comunidades religiosas o iglesias—. Sin embargo, el fenómeno religioso ha sido siempre objeto de atención por parte del Estado y su Ordenamiento jurídico. En consecuencia, lo religioso, en cuanto fenómeno social no es ajeno al mundo del Derecho y se convierte así en objeto de su regulación[2].

Se suele afirmar que la aparición del Derecho Eclesiástico se encuentra vinculada a la Historia de las relaciones Iglesia-Estado[3] y, especialmente, al papel desempeñado por la Iglesia católica en la reglamentación del fenómeno religioso. Como se ha señalado, "el factor religioso, en su esencia, está en la raíz de la evolución de nuestra cultura y de nuestra política, aunque por algunos sectores se quiera solapar esta consideración, ya que la

---

[2] Probablemente, como señala Ibán, las dos cosas que más nos separan a los humanos del resto de los seres vivos sean el Derecho y la religión. *Vid.*, IBÁN, I.C., "Estudio preliminar: el Derecho Eclesiástico como precipitado de la relación Estado-Iglesia en la Historia", en IBÁN, I.C., GONZÁLEZ SÁNCHEZ, M., *Textos de Derecho Eclesiástico (Siglos XIX y XX)*, Madrid, 2001, pp. 15-16.

[3] *Vid.* MOLANO, E., *Introducción al estudio del Derecho Canónico y del Derecho Eclesiástico del Estado,* Barcelona, 1984, pp. 192 y ss. La importancia histórica de las relaciones Iglesia-Estado es un dato obvio que como ha afirmado Ruffini, "nessuna meraviglia quindi che il regolamento dei rapporti fra lo Stato e la Chiesa, fra la potestà civile e la potestà ecclesiastica abbia costituito il problema centrale di tutta la politica e di tutta la speculazione pubblicistica nell'età di mezzo, ed uno dei problemi capitali anche nell'età moderna, fino, si può dire, ai nostri giorni. Non è forse esagerato l'affermare che essa è stata la questione politica culminante nella storia dei popoli fino al punto in cui questa fu dominata dalla questione sociale". RUFFINI, F., *Relazioni tra Stato e Chiesa (a cura di F. Margiotta Broglio)*, Bologna, 1974, pp. 25-26.

mutua interrelación entre lo político y lo religioso ha estado presente en todo tiempo, en la configuración de la sociedad occidental. Aún más, podemos afirmar, que no se daría la regulación del hecho religioso, en la forma que hoy día conocemos, si no se hubiera dado la larga tradición de enfrentamientos entre una institución religiosa determinada, la Iglesia católica, y las formas políticas que se han sucedido en el Occidente. La concreta forma como se han dado las relaciones en el mundo cristiano, entre la Iglesia y los Estados, es lo que ha configurado la manera de ser y pensar de la sociedad actual, problema que no se ha planteado en otras sociedades y, a su vez, lo que ha creado las formas políticas de los Estados Modernos"[4].

Es la Reforma Protestante, como ya hemos visto, el hito histórico señalado por la doctrina para el surgimiento de este Derecho en su concepción moderna. Sin embargo, este hecho no permite desconocer que el fenómeno de la juridificación del hecho religioso por el poder civil no es originario de esa época histórica, pues son muy numerosos los ejemplos en los que el Derecho estatal se ocupa de distintos aspectos del fenómeno religioso.

El análisis de las relaciones Iglesia-Estado ha de estar orientado —por razón de rigor y precisión científica— al estudio de la historia de las doctrinas que aclaran su evolución[5]. De este modo, y enumerando alguna de ellas, hay que señalar por ejemplo que una de las características del mundo precristiano era el llamado monismo, es decir, la estrecha unión entre lo político y lo religioso, hasta el punto de que no se concebía una separación entre estos dos órdenes. Como describe García Gárate, "en el mundo antiguo, la religión formaba parte de la vida pública, intervenía en todos los actos de la ciudad, hasta el punto de que, tanto en Roma como en Atenas, no se realizaba ninguna actividad en la que no se contara con los dioses o estuvieran presentes las prescripciones religiosas. El sacerdote era quien ostentaba la dignidad real, que, precisamente, le venía dada por su condición de intermediario entre el hombre y los dioses. Por ello, poder político y poder religioso aparecían concentrados en la misma persona, característica que se mantuvo con la desaparición de la realeza"[6].

---

[4] GOTI ORDEÑANA, J., "Prólogo", en GARCÍA-GARCÍA, R., *La Comisión Asesora de Libertad Religiosa. Sus antecedentes, precedente, discusión parlamentaria y regulación actual*, Madrid, 2003, p. 14.

[5] Se trata de otro ejemplo que pone de manifiesto lo relevante que es, en Ciencias Sociales, distinguir entre las realidades acaecidas, los saberes que las dotan de sentido y su síntesis académica (en forma de disciplina y sus asignaturas).

[6] GARCÍA GÁRATE, A., "La regulación jurídica del fenómeno religioso y la ciencia del Derecho Eclesiástico", en *Estudios Jurídicos en Homenaje al profesor Vidal Guitarte*, **I**, Valencia, 1999, p. 334.

Como señala D'Avack, "el problema de las relaciones entre el poder civil y religioso es la determinación de sus respectivas esferas de competencia y de sus recíprocos límites de actividad, la búsqueda y la valoración de la actitud y de la calificación jurídica de uno respecto al otro, fueron todas ellas cuestiones absolutamente desconocidas para el mundo antiguo. En efecto, para éste el problema religioso no se presentaba en modo alguno como en nuestros días, pues la sociedad antigua se caracterizaba por la absoluta ausencia de toda distinción entre vínculo religioso y vínculo social. La idea de que debieran o de que pudieran ser distintas y llevarse a cabo por caminos diferentes las dos instituciones naturales del hombre, la social y la religiosa, no había aparecido aún y, por tanto, era absolutamente ajena a la mentalidad de aquel tiempo la posibilidad misma de concebir la religión como algo separado de la vida política menos aún la de erigir una Iglesia como institución y poder distinto del Estado. Todo lo contrario, la religión era considerada como un fenómeno esencialmente e incluso diría exclusivamente humano y social; y había el convencimiento de que la organización religiosa y la política constituían simplemente dos lados o aspectos del único cuerpo social: ambas igualmente dirigidas al fin del bienestar y de la felicidad colectiva terrestre y ambas igualmente centradas en el Estado"[7].

Frente a este mundo monista, el cristianismo plantea una alternativa radical: el dualismo. La separación entre estos dos mundos, entre la religión y el orden civil, entre el poder religioso y el político. De este modo, en el siglo IV "el nuevo principio termina por triunfar y con el Edicto de Milán de 313 la Iglesia cristiana hace su ingreso en el mundo jurídico romano, acogida por Constantino como simple *religio* licita y poco después por Teodosio como verdadera religión oficial del Estado. Desde ese momento el presupuesto teocrático, base y fundamento de la nueva organización social cristiana. Y desde este momento el sistema unitario teocrático de la fusión religión y política y del único poder destinado a proveer a las necesidades de ambas, es sustituido por el sistema dualista de distinción entre estas dos formas de vida social y por la delimitación entre los dos poderes que debe presidir a cada una de ellas y entre sus cometidos y los límites de sus recíprocas competencias"[8].

Podríamos seguir describiendo las sucesivas doctrinas: cesaropapismo, potestad indirecta en lo temporal, regalismo, etc., pero lo que queremos señalar es que el análisis de las relaciones Iglesia-Estado ha de orientarse al

---

[7] D'AVACK, P.A., *Tratatto di diritto* eclesiástico…, *op.cit.*, p. 22.
[8] *Ibidem*, p. 27.

estudio de la historia de las doctrinas[9] y que con esa visión general (más sus tipos ideales), se debe analizar la formación del actual sistema de Derecho Eclesiástico para entender la vigente regulación.

3.2. MODELOS EXTREMOS RELACIONALES IGLESIA-ESTADO: CONFESIONALISMO V. LAICISMO[10]

El confesionalismo y el laicismo son polos opuestos, surgidos de los conflictos socio-políticos europeos, relativos a las estrategias para construir las identidades nacionales:

- **Confesionalismo:** Se basa en la defensa de la continuidad de las instituciones del pasado, donde política y religión permanecen unidas (bajo el formato protestante de Iglesia de Estado o el católico de Estado confesional), para mantener así una fe común popular pero sin ofrecer alternativas al pueblo afectado.

- **Laicismo:** Aboga por una ruptura total con el pasado, a través de una independencia —de incomunicación— entre la política y la religión; resulta más bien una proyección de resentimiento y/o fóbica frente al modelo de monopolio precedente, sin percatarse de que dicha quiebra, sin alternativa sustitutoria clara, deja abonado el camino para las fórmulas totalitarias del fascismo y el socialismo de Estado —o sea, la suplantación de una religión tradicional de Estado, por otra de carácter civil, es decir, una suerte de nacionalización de la religión, donde las bases sociales tampoco tienen nada que decir—.

A principios del s. XIX, tales modelos opuestos también se extienden y circulan por las Américas, sólo que se utilizan para caldear las posiciones acerca de la independencia: (a) los realistas, postulan una continuidad, por lo que son favorables al confesionalismo; (b) los patriotas, desean la ruptura por lo que prefieren el laicismo. El problema viene una vez alcanzada la independencia, pues los nuevos Estados no están los suficientemente desarrollados como para asumir con solvencia ciertas funciones sociales, tradicionalmente

---

[9] *Vid.*, entre otros, DE LA HERA, A., SOLER, C., "Historia de las doctrinas sobre las relaciones entre la Iglesia y el Estado", en *VV.AA.*, *Tratado de Derecho Eclesiástico*, Pamplona, 1994, pp. 35 y ss., y LEZIROLI, G.*, Relazioni fra Chiesa cattolica e potere politico*, Torino, 1998.

[10] Obsérvese que la terminación utilizada es "ismo", pues se trata más bien de construcciones discursivas para la justificación de posicionamientos, y no tanto de realidades efectivas (tanto formales como materiales), como sí cabe predicar de la aconfesionalidad.

acometidas por las confesiones (e.g., educación, salud, registros, etc.). En el s. XX el conflicto se repite aunque esta vez la revolución no es por la independencia nacional, sino por el bienestar popular, al menos de las clases más deprimidas, que es buena parte de la población, debido a que los Estados no logran evitar la creciente marginalidad social. Las tensiones, en este sentido, se irán enrevesando y oscureciendo cada vez más, pues la original tensión confesionalismo v. laicismo será indescifrable sin la casuística de cada supuesto, especialmente, tras la eclosión de las diversas teorías de la liberación (e.g., Brasil, El Salvador, Guatemala, México, Nicaragua, etc.).

Hoy en día, superadas buena parte de las citadas revoluciones y sus discursos, cabe afirmar que —en una seguridad próxima al noventa por ciento, salvo por ensayos contados de puntuales administraciones mesiánicas (e.g., en los EE.UU., mostraron ciertos brotes laicistas las Administraciones Roosevelt y Clinton)—, los Estados de las Américas son en su mayoría aconfesionales, tal y como se aclara en el punto inmediato.

3.3. MODELOS DE NEUTRALIDAD: LA ACONFESIONALIDAD Y SU PLURALIDAD DE FÓRMULAS

La aconfesionalidad hace referencia a toda fórmula de separación —que no independencia— entre política y religión, pudiéndose desarrollar en un amplio marco de relaciones cuyos límites son: a) la autonomía religiosa (otras rúbricas son *libertas ecclesiae, church autonomy, (non-)establishment clause, no confesionalidad*, etc.), en cuanto que no existe una única religión oficial, excluyente de todas las demás; b) la libertad religiosa (otras expresiones son *legislatio libertatis, religious liberty, free exercise clause*, libertad de culto, etc.), como garantía de la libertad e igualdad entre ciudadanos, y el respeto por sus sentimientos y creencias religiosas, con todo lo que ello implica (e.g. tratamiento socio-jurídico de los ministros de culto, la financiación de las confesiones y el patrimonio religioso, asistencia religiosa, etc.).

Para evitar discusiones sobre la consideración de un determinado modelo de relación Iglesia-Estado atendiendo a lo reflejado en el texto constitucional y la realidad social, se puede recurrir a los métodos de la Sociología Jurídica, en especial, a sus comprobantes de la realidad socio-cultural subyacente a través de las técnicas de *test* y *ranking*:

> **(a) *Test* (o examen)**. Para evitar juicios aprioristicos erróneos, es necesario combinar el análisis formal (cómo se regula la cuestión)

con el material (cómo se aplica dicha regulación), y comprender la realidad socio-jurídica. Entiéndase por tanto que no cabe extraer un fragmento de un artículo concreto de la Constitución correspondiente, y elevarlo a rango de norma absoluta, sino que tal extracción tiene que ponerse en correlación con el resto de preceptos constitucionales y con su desarrollo legislativo, así como, con las políticas públicas acometidas en al menos un par de Administraciones. De este modo, quedan desmontados los casos de supuesto confesionalismo vigente, como el atribuido a Costa Rica o a la República Dominicana, pues su declaración constitucional y concordataria de confesionalismo estatal, respectivamente, se debe sólo a razones histórico-culturales y de articulación de infraestructuras ya que en lo tocante al régimen jurídico del factor religioso atiende a los parámetros de la moderna y aperturista libertad religiosa. Es por ello que, bien en el mismo precepto donde pueda aparecer algún vestigio de formula confesional, a renglón seguido o en otro precepto normativo se suele tipificar la libertad de culto o de creencias. Además, la mayor parte de los países de las Américas han incorporado a su acervo jurídico las regulaciones internacionales en materia de derechos humanos, donde el derecho de libertad de pensamiento, conciencia y religión es piedra angular.

Luego, el test completo ha de ser tanto formal (prestando atención a los preceptos constitucionales que establecen el modelo y sus límites, así como a su desarrollo normativo, a través de leyes de libertad religiosa y demás normativa de Derecho Eclesiástico), como material (contrastando si se produce una auténtica libertad e igualdad religiosa en todas sus manifestaciones), y todo ello interpretado con una perspectiva y dentro de un marco histórico-cultural adecuado.

(b) *Ranking* **(o graduación)**: atendiendo al test anterior es posible establecer una clasificación de países existiendo la categoría triple a (AAA) para aquellos casos donde existe mayor certeza de observación de la libertad religiosa, y luego ir decreciendo según se vayan probando quiebras en el sistema. Esta práctica tiene sus orígenes en el marco internacional de los derechos humanos, tras la Segunda Guerra Mundial, con las relatorías especiales de Naciones Unidas y la Organización de Estados Americanos, pero ha sido los EE.UU. el país que ha llevado a cabo la implantación de la técnica del ranking con el sistema de la *International Religious Freedom Act* [Ley de

Libertad Religiosa Internacional], que desde 1998 ha recabado información (gracias a las embajadas estadounidenses en todo el mundo), para elaborar una serie de informes anuales y por países sobre aquellos casos donde se viola de forma grave, y muy grave, la libertad religiosa (y por ende, el resto de Derechos Humanos), siendo posible responder con sanciones unilaterales.

La aconfesionalidad es el modelo dominante[11]. Aunque formalmente cabe alguna duda y disquisición (en el ámbito angloamericano por razones histórico-culturales se mantiene una deferencia nominal con la Iglesia Anglicana y en el ámbito latinoamericano se mantiene una deferencia nominal con la Iglesia Católica), materialmente, en casi todos los países se respetan las expresiones complementarias de la libertad y autonomía religiosa: libertad de culto[12], derecho de objeción de conciencia[13], derecho a cambiar de religión[14], etc.[15]

Otra diferencia entre las variantes angloamericana y la latinoamericana es la vía de reconocimiento, protección y promoción de cultos: (a) **angloamericana**, se permite desde las bases sociales que sean ellas las que se autocalifiquen para obtener beneficios fiscales y las ayudas las reciben, no por su condi-

---

[11] Así, por ejemplo, el artículo 8 de la Constitución de Cuba establece: "Las instituciones religiosas están separadas del Estado"; la Enmienda 1 de la Constitución de EE.UU. establece: "El Congreso no aprobará ninguna ley con respecto al establecimiento de religión alguna"; el artículo 1 de la Constitución de Guyana establece: "Guyana es un Estado soberano indivisible, laico"; el artículo 14 de la Constitución de Nicaragua establece: "El Estado no tiene religión oficial"; el artículo 130 de la Constitución de México establece: "El principio histórico de la separación del Estado y las Iglesias orienta las normas contenidas en el presente artículo"; el artículo 24 de la Constitución de Paraguay establece: "Ninguna confesión tendrá carácter oficial" y, el artículo 2 de la Sección 3 de la Constitución de Puerto Rico establece: "Habrá completa separación de la Iglesia y el Estado".

[12] *Vid.*, entre otros, el artículo 19 de la Constitución de Brasil; el artículo 19 de la Constitución de Chile; el artículo 19 de la Constitución de Colombia; el artículo 55 de la Constitución de Cuba y el artículo 36 de la Constitución de Guatemala.

[13] *Vid.*, entre otros, el artículo 143 de la Constitución de Brasil y el artículo 37 de la Constitución de Paraguay.

[14] *Vid.*, entre otros, el artículo 11 de la Constitución de Belice; el artículo 55 de la Constitución de Cuba; el artículo 66 de la Constitución de Ecuador y el artículo 145 de la Constitución de Guayana.

[15] Hay que destacar que en numerosos textos constitucionales existen vestigios de confesionalidad aunque hoy en día tengan un significado completamente secular (por ejemplo juramentos), *Vid.*, entre otros, el anexo I de la Constitución de Barbados; el anexo I de la Constitución de Jamaica; el artículo 192 de la Constitución de Colombia; el artículo 176 de la Constitución de Panamá y el artículo 54 de la República Dominicana.

ción religiosa, sino por su labor de asistencia social; (b) **latinoamericana**, se concibe el esquema desde la cúspide piramidal, dándose un trato diferenciado a la Iglesia católica y por extensión al resto de confesiones religiosas.

3.4. MODELOS EMERGENTES: SINCRETISMOS

No puede obviarse, en atención a la realidad socio-religiosa de las Américas, la existencia de sincretismos, que son simbiosis de concepciones cosmológicas de diversa naturaleza. Se trata de ejercicios de articulación desigual entre distintos sistemas filosóficos y/o religiosos. La tendencia sincrética es más propia de las Américas que de Europa —donde ha habido un tronco común judeocristiano, tendente a la institucionalización eclesiástica—. Entre sus posibilidades, se destacan los dos bloques siguientes:

(a) **Mestizaje occidental**: se trata de una fórmula histórica de adaptación, a través de la cual se pretende la búsqueda de lugar o espacio social reconocido para las antropologías subyacentes marginales —o más bien, marginadas—, tales como la indoamericana y la afroamericana. Tomándose la apariencia de las fórmulas generalmente aceptadas, propias de la antropología dominante —que es la judeocristiana, entre las elites de poder—, se aprovecha tal plataforma para incorporar elementos propios de indigenismos y africanismo: en sus orígenes, los amos europeos pensaban que se había producido una conversión plena de la "otra población", cuando sólo era algo formal, para poder continuar con su propia religiosidad. El resultado es un conjunto heterogéneo y vistoso de novedosas fórmulas autóctonas americanas, como son (entre los supuestos más conocidos):

- *Santería (Regla de Ocha y/o Osha-Ifá)*: tiene su origen, principalmente, en Cuba, aunque se ha extendido por las Américas, y más recientemente también por Europa (con las nuevas migraciones). Surge de la fusión entre religiones africanas (e.g. *Lucumí/Lukumi, Yoruba/Yoruba*) y el cristianismo (por ejemplo, se utilizó a Santa Bárbara para seguir profesando culto a *Changó*). Se caracteriza, entre otros muchos rasgos, por el sacrificio de animales.

- *Regla Conga/reglas del Congo (guarda relación con Palo Monte, Palo Mayombe, Brillumba y Kimbisa)*: igualmente, se presume su origen en Cuba, y de ahí su posterior irradiación al resto del Caribe. En Brasil, se fusionó con el *Candomblé* y demás fórmulas conexas. También se debe a la fusión entre religiones centroafricanas (sobre todo de los *Bantú*) y cristianismo (e.g. San Antonio, Santa Bárbara, etc.). Entre sus prácticas más peculiares destaca la adivinación, la consulta a los muertos y la creencia en la medicina de los espíritus o *Nkisi*.

- *Candomblé (más otras fórmulas conexas, como Umbanda, Macumba, Omoloko, etc.)*: su foco original se sitúa en Brasil, aunque se ha irradiado hasta los EE.UU. y Argentina. Es fruto de la fusión de religiones africanas, con algún elemento precolombino y la "vestimenta" del cristianismo popular. El candomblé presta especial atención a la cuestión de la fertilidad y para lograr los deseos, es habitual recurrir a rituales mágicos y amarres; otro rasgo es la sacralidad de la música y la figura del rodante y su trance.

- *Vudú (considerada piedra angular —de partida o apoyo— del resto de sincretismos afroamericanos)*: su origen es más difuso, repartido por todo el Caribe, aunque uno de sus enclaves más recientes y destacados en el Continente ha venido siendo New Orleans. Surge de la fusión entre religiones africanas, indias, cristianismo y masonería (francesa). Entre sus prácticas más peculiares destacan los maleficios y embrujos.

- *Chamanismo*: tiene su origen en América continental y deviene de la paulatina fusión entre las diversas religiones precolombinas. Le son propios los filtros, pociones y remedios naturales, así como, la provocación de estados de trance y los presagios.

(b) **Milenarismo indoamericano**: es una fórmula anacrónica de re-creación (de memoria histórica), mediante la cual no se busca, sino que se exige un lugar propio —y en demasiados casos, además, se pretende la ocupación del imaginario social que ha venido copando fórmulas históricas externas (judeocristianas), se hayan adaptado o no, llegándose a afectar también a sus mestizajes—. Pues bien, esta fórmula de memoria histórica, surgida a raíz de la Segunda Guerra Mundial[16], busca sus anclajes de legi-

---

[16] En un intento de retrotraerse algo más, se pretende su anclaje en el "magonismo", un movimiento libertador previo a la Revolución mexicana, que hoy se reinterpreta en clave

timación en hitos dispersos precolombinos, reinterpretándolos en clave actual y dando así lugar a la mitología necesaria para iniciar el cambio del imaginario social. Un buen ejemplo es el de la recreación nominal de las Américas y sus gentes en clave de indigenismo comunitario[17]: se toman préstamos lingüísticos del tipo *Abya-yala* (lengua *kuna*, de Panamá y Colombia), *Takir-mamani* (lengua *aymara*, de los Andes) o *Cem-anahuac* (lengua *azteca*, de Mesoamérica), que significan —más o menos— "la gran tierra madura rodeada de aguas", y se aplican las mismas como designación autóctona de las Américas. Pese a su localismo e imposibilidad conceptual originaria —¿cómo se iba a saber hace seis siglos que se vivía en un continente joven completamente rodeado de océanos?—, ello no es óbice para su empleo reivindicativo maximalista. En cuanto a sus gentes, pese a la rica diversidad de pueblos existentes, se procede a construir la noción de la "raza indígena" (o sólo "la raza"), teniendo su propio día de celebración, así como, el de "la resistencia indígena" —como si fuera necesario ganar hoy un conflicto de hace quinientos años—.

El riesgo de las recreaciones mencionadas es que se pasa demasiado rápido —y sin control social– del idealista intento por generar una identidad digna de los oprimidos, a convertirse en un componente de mercantilización por los aspirantes a élites de poder. Tanto es así que se pierde la condición de discurso marginal para la pluralidad, degenerándose en otro totalitario como el que se quería combatir. Luego, si se deseaba reivindicar el reconocimiento de la religiosidad indígena, en igualdad de condiciones que el resto de religiosidades occidentales (en su trato con los poderes públicos), en cambio, lo que se ha logrado ha sido el auge de nuevos mesías paternalistas

---

anarco-comunista favorecedor de la población indígena —algo imposible de probar en las colaboraciones de los hermanos Flores Magón en el periódico Regeneración—. En cambio, científicamente hablando, es posible sostener que el primer gran hito precursor de las teorías de la memoria histórica indigenista, es el *I Congreso Indigenista Interamericano* de 1940 —ahora bien, se buscaba la asimilación estatal—.

[17] A este respecto es necesario distinguir entre posturas de indigenismo (postulantes de reformas de multiculturalismo: no discriminación, autogestión y cese de etnocentrismo occidental) e indigenistas (pro revolucionarias neomarxistas: subversión para la toma de poder y defensa a ultranza del pachamamismo o geocentrismo indígena frente al occidentalismo invasor). *Vid.* SANCHEZ-BAYON, A., "Revitalizaciones religiosas postmodernas en América y sus riesgos para la democracia y los derechos humanos", *Revista General de Derecho Canónico y Derecho Eclesiástico del Estado*, **11,** 2006, URL: www.iustel.com

con fórmulas de gran violencia simbólica —que bien analizadas, sólo parecen servir para su continuidad en el poder—.

Debemos destacar, por tanto, la importancia de observar otras realidades sociales existentes en las Américas distintas de las europeo-continentales —luego no cabe la equiparación con las minorías religiosas—, por lo que se manifiesta como evidente, necesario y urgente, el recurso de un tratamiento más allá del que pueda proporcionar el Derecho Eclesiástico tradicional, sino que el mismo ha de ser completado con las herramientas de estudio de la Sociología Jurídica.

CAPÍTULO 4
ENFOQUE *LEGISLATIO LIBERTATIS*: REGULACIÓN DE LA LIBERTAD RELIGIOSA

El objeto del presente epígrafe es conocer las relaciones Iglesia-Estado y la regulación de la libertad religiosa en las Américas atendiendo a la principal normativa. Se divide en dos partes, "regulación pacticia" y "regulación unilateral", en las que analizamos el Sistema Interamericano y los acuerdos con las confesiones religiosas por un lado y, los preceptos constitucionales y las leyes de libertad religiosa por otro.

4.1. REGULACIÓN PACTICIA

Se alude al conjunto de normas nacidas de la transacción entre los poderes públicos de un Estado y otros poderes legitimados, bien con aquellos que son sus homólogos de otros países, en el seno de cumbres y organizaciones internacionales, dando lugar a regulación de derechos humanos, o con poderes de presencia trasnacional, como son las confesiones religiosas.

Podemos señalar que los países del ámbito angloamericano son poco propensos a la celebración de convenios marco preventivos, prefiriéndose en su lugar la adopción de acuerdos específicos según las coyunturas[1]. Su fór-

---

[1] En el ámbito angloamericano, existe una menor propensión a firmar acuerdos con las confesiones. En cambio, sí existen ciertas prácticas trasnacionales de naturaleza muy similar, tanto con la Iglesia Anglicana (con los EE.UU., hasta su independencia, y con los demás países, hasta bien entrado el s. XX, por formar parte de la *Commonwealth*), así como con la Iglesia Católica (son negociaciones con la Santa Sede para abrir misiones y desarrollar diócesis). Otro tipo de acuerdos, ya más distanciados de la visión expuesta hasta ahora, son los de tipo de *amistad y comercio*, donde el factor religioso es observado como cuestión determinante, como muestra de respeto cultural y de promoción de relaciones mercantiles (con países confesionales y de Iglesia de Estado); vid. SÁNCHEZ-BAYÓN, A., *La Modernidad sin prejuicios. La religión en la vida pública estadounidense*

mula de relación con las confesiones religiosas judeocristianas es la acomodación pluralista para facilitar la asistencia socio-religiosa. Los países latinoamericanos, debido al influjo euro-mediterráneo (área dominantemente católica), tienen una mayor propensión a la celebración de acuerdos con la Iglesia católica.

4.1.1. Sistema Interamericano

En las Américas, en materia de derechos humanos, con mayor o menor fortuna, son diversas las fórmulas regionales que confluyen: la Comunidad Andina con su Tribunal de Justicia, el Sistema de la Integración Centroamericana con su Corte Centroamericana de Justicia, la Comunidad Caribeña (CARICOM) con su Corte Caribeña de Justicia, así como otros organismos sectoriales, como la Fundación Iberoamericana de Ombudsman. Ahora bien, de entre todas ellas, por razón de antigüedad, grado de desarrollo, además de alcance jurisdiccional y competencial, destaca sobre el resto la Organización de Estados Americanos (OEA)[2] y su Sistema Interamericano de Derechos Humanos (SIDH).

La constitución del SIDH arranca con la Declaración Americana de Derechos Humanos y Deberes del Hombre (Declaración), de 2 de mayo de 1948, y se potencia a raíz del Pacto de San José o Convención Americana de Derechos Humanos (Convención), de 22 de noviembre de 1969, que pone en marcha sus instituciones principales: la Comisión Interamericana de Derechos Humanos (CmIDH, en Washington D.C.) y la Corte Interamericana de Derechos Humanos (CIDH, en San José). Respecto de los acuerdos e instituciones mencionadas, cabe distinguir un diverso grado de compromiso con el SIDH —de tipo muy paradójico— por parte de los Estados americanos: a) los países del ámbito angloamericano, son los menos comprometidos en cuanto a la adhesión jurídica de los acuerdos e instituciones, pero son los que más contribuyen en el presupuesto de la OEA; b) los países del ámbito latinoamericano, en proporción, su situación es la inversa.

(*vol. 2 Normativa*), Madrid, 2009. Complementariamente, y de forma sectorial, *vid.*, entre otros, BLAKELY, W.A. (comp.), *American State papers and related documents on Freedom in Religion*, Washington D.C., 1949, p. 311; STOKES, A.P., *Church and State in the United State*, (vol. 1), New York, 1950, pp. 458 y ss.; BETH, L.P., *The American Theory of Church and State*, Gainesville, 1958, pp. 74 y EIDSMOE, J., *Christianity and the Constitution. The Faith of our Founding Fathers*, Grand Rapids, 1987, pp. 413 y ss.

[2] Sus antecedentes se remontan a la *Primera Conferencia Internacional de Estados Americanos* (celebrada en Washington D.C., de octubre de 1889 a abril de 1890).

En cuanto a la regulación de la libertad y autonomía religiosa, tanto la Declaración como la Convención, postulan una fórmula algo diferente de la homogéneamente aceptada para la concepción holística del derecho de libertad de pensamiento, de conciencia y de religión. En concreto, la Convención distingue entre el artículo 12 y su consagración del derecho a la libertad de conciencia y de religión ("libertad de conservar la religión o las creencias, así como la libertad de divulgar o profesar la religión o las creencias, individual o colectivamente, tanto en público como en privado"), frente al artículo 13, que tipifica el derecho a la libertad de pensamiento y de expresión, ("libertad de buscar, recibir y difundir informaciones e ideas de toda índole, sin consideración de fronteras, ya sea oralmente, por escrito o en forma impresa o artística, o por cualquier otro procedimiento de su elección")[3].

"La Última tentación de Cristo" o Caso Olmedo Bustos y otros *vs.* Chile (sentencia de 5 de febrero de 2001), es el caso más emblemático de los resueltos por la Corte acerca de la libertad religiosa. Resulta un supuesto —a usar como referente— que permite entrar a conocer el estado de la cuestión tanto de la libertad religiosa de los ciudadanos (y sus problemas conexos con la objeción de conciencia y la censura, por ejemplo), como de la autonomía religiosa en las relaciones Iglesia-Estado. En términos procesales, los hechos se desarrollaron como se indica[4]:

(a) **Desarrollo interno:** El día 29 de noviembre de 1988, el Consejo de Calificación Cinematográfica rechazó la autorización para exhibir en Chile la película «La Última Tentación de Cristo», basa-

---

[3] La normativa básica de la Convención sobre el factor religioso se ha visto incrementada por un buen número de instrumentos jurídicos posteriores, vid. artículo 4 de la Convención Interamericana sobre Extradición, Caracas, 1981; artículos 3 y 13 del Protocolo Adicional a la Convención, San Salvador, 1988; artículo 9 de la Convención Interamericana sobre la Asistencia Mutua en Materia Penal, Nassau, 1992; artículo 4 de la Convención Interamericana para Prevenir, Sancionar y Erradicar la Violencia contra la Mujer, Belem do Para 1994; artículos 10, 14 y 15 del Proyecto de Declaración Americana sobre los Derechos de los Pueblos Indígenas, Washington D.C., 1997; artículo 4 de la Convención Interamericana sobre las Obligaciones Alimentarias, Montevideo, 1999; Principio nº 2 de la Declaración de Principios sobre la libertad de expresión, Washington D.C., 2000; artículo 9 de la Carta Democrática Interamericana, Lima, 2001 y, artículo 14 de la Convención Interamericana contra el Terrorismo, Bridgetown, 2002.

[4] Tal y como se recoge en el *Informe Anual de la Comisión Interamericana de Derechos Humanos de 1998*, en su Cap. III. El Sistema de Peticiones y Casos Individuales, apartado B. Peticiones y casos declarados admisibles; así como, en el Informe nº 31/98, Juan Pablo Olmedo Bustos y otros vs. Chile, apartado III. Hechos no controvertidos.

da en libro del mismo título, ante una petición de la United International Pictures Ltda. De esta resolución, la empresa recurrió ante un tribunal administrativo de apelación que, el 14 de marzo de 1989, confirmó el referido rechazo. El 11 de noviembre de 1996, ante una nueva petición de la «United International Pictures Ltda.», el Consejo de Calificación Cinematográfica procedió a recalificar la película, autorizando su exhibición para espectadores mayores de 18 años. A juicio del Consejo, existían nuevos antecedentes históricos, culturales y sociales de mérito suficientes para revisar su anterior decisión. El 12 de noviembre de 1997, basándose en el artículo 20 de la Constitución Política, siete abogados a nombre propio, de la persona de Cristo y de la Iglesia católica, interpusieron ante la Corte de Apelaciones de Santiago Recurso de Protección en contra de la resolución del Consejo de Calificación Cinematográfica, aduciendo que tal resolución era arbitraria e ilegal porque autorizaba a exhibir una película que atentaba contra el derecho a la honra, consagrado en el artículo 19.4 de la Constitución, de la persona de Cristo y de los cristianos vivos, de la Iglesia católica, de los propios recurrentes y del derecho a la libertad de conciencia garantizado en el artículo 19, 6 de la misma Constitución chilena. El 20 de enero de 1997, la sentencia de primera instancia acogió el recurso interpuesto y dejó sin efecto la resolución del Consejo de Calificación de 11 de noviembre de 1996, quedando, en consecuencia, firme aquella de 29 de noviembre de 1988 y prohibiéndose así, de manera definitiva, la exhibición de la película «La Ultima Tentación de Cristo». Dicha sentencia fue apelada ante la Corte Suprema.

(b) Desarrollo ante la CmIDH: El 3 de septiembre de 1997 la Comisión recibió en su Secretaría una denuncia interpuesta por la Asociación de Abogados por las Libertades Públicas A.G. en representación de los señores Juan Pablo Olmedo y otros, y «del resto de los habitantes de la República de Chile». La Comisión comunicó la denuncia al Estado chileno y le solicitó que presentara la información correspondiente en un plazo de 90 días. El 8 de enero de 1998 el Estado dio su respuesta a la Comisión, que seguidamente se la transmitió a los peticionarios, quienes presentaron su réplica el 23 de febrero de 1998. El 16 de junio de 1998, después de otorgarle una prórroga, el Estado presentó a la Comisión un escrito respondiendo a la réplica de los peticionarios. El

27 de febrero de 1998 se celebró una audiencia en la sede de la Comisión (Washington DC), donde asistieron los representantes de los peticionarios pero no del Estado chileno, a pesar de haber sido debidamente convocados. Durante su 99° Período Ordinario de Sesiones, la Comisión aprobó el Informe n°. 31/98, mediante el cual declaró el caso admisible. Dicho Informe fue transmitido al Estado el 18 de mayo de 1998. El 22 de junio de 1998 la Comisión se puso a disposición de las partes para llegar a una solución amistosa del caso, de acuerdo con el artículo 48.1.f de la Convención Americana. No obstante, no fue posible llegar a una solución de este tipo. El 29 de septiembre de 1998, durante su 100° Período Ordinario de Sesiones, la Comisión, de conformidad con el artículo 50 de la Convención, aprobó el Informe n°. 69/98. En dicho Informe, la Comisión concluyó que el Estado chileno debía levantar la censura de la película y ajustar su legislación (evitando incompatibilidades con la Convención, que ya había sido ratificada el 21 de agosto de 1990). El 15 de octubre de 1998 la Comisión transmitió el citado informe al Estado chileno, dándole un plazo de dos meses para cumplir con sus recomendaciones. Transcurrido el citado plazo, y al no recibirse información del Estado chileno sobre el cumplimiento de las recomendaciones, se dio trámite de la demanda a la CIDH el 15 de enero de 1999.

(c) **Desarrollo ante la CIDH:** El 15 de enero de 1999, al introducir la demanda, la Comisión designó a sus Delegados y asesores. Asimismo, la Comisión informó que el señor Juan Pablo Olmedo Bustos asumió su representación y que las demás supuestas víctimas serían representadas por la Asociación de Abogados por las Libertades Públicas A.G. El 26 de marzo de 1999 el Estado chileno solicitó a la Corte que le concediera un plazo adicional; finalmente, se concedió dicha prorroga y otras posteriores. El 2 de septiembre de 1999 el Estado presentó su contestación de la demanda. El 12 de octubre de 1999 la Comisión presentó un escrito en el cual manifestó que la contestación de la demanda presentada por Chile era «manifiestamente extemporánea» y solicitó a la Corte que la rechazara y se abstuviera de considerarla en el examen del caso. El 25 de octubre de 1999 la Comisión presentó la lista definitiva de los testigos y peritos. El 27 de noviembre de 2000 la Comisión presentó sus alegatos finales escritos. El 22 de enero de 2001 el Estado chileno presentó una nota donde informó sobre el trámite en que se encontraba el proyecto de reforma constitucional tendiente a eliminar la censura cinematográfica en Chile. Finalmente, el 5 de febrero de 2001, la Corte resolvió el caso.

En la sentencia, la CIDH resolvió[5] conjuntamente que mientras sí hubo violación de la libertad de pensamiento y expresión (artículo 13), no así se produjo con la libertad de conciencia y religión (artículo 12); también se impuso al Estado chileno la obligación de adaptar su normativa interna para evitar colisiones con la Convención Americana, además de solicitarle el pago de 4.290 dólares estadounidenses como reintegro de los gastos generados por el proceso. Por su parte, el Juez Cançado Trindade hizo conocer a la Corte su Voto Concurrente (incidiendo en el hecho de que, no sólo la normativa chilena violaba la Convención Americana, sino también las sentencias que confirmaron la censura) y el Juez De Roux Rengifo, su Voto Razonado —intercesor—[6].

Finalmente, el Estado chileno modificó su Constitución (artículo 19), haciendo desaparecer de su texto fundamental la posibilidad ordinaria de la "censura" por parte de los poderes públicos.

No son muchos más los casos sobresalientes resueltos por la CIDH relativos a la libertad religiosa. En la actualidad, la tendencia —constructivista— creciente es hacia la inclusión de la protección de los derechos colectivos de los indoamericanos a través de la libertad religiosa: el primer gran caso, sobre comunidades indígenas y el reconocimiento de la sacralidad de su forma de vida, así como, de su hábitat, es el de la "Comunidad Mayagna"[7]. Pese a tratarse de un supuesto basado en un conflicto de propiedad inmobiliaria y contar, además, con la buena voluntad del Estado nicaragüense para materializar la reparación, la CmIDH decidió mandar el caso a la CIDH. Aunque en los escritos del caso de la Comunidad Mayagna no se hizo alusión destacable al artículo 12 de la Convención Americana, en cam-

---

[5] *Vid. Fallos y Sentencias*, Serie C n° 73, Caso «La Última Tentación de Cristo» (Olmedo Bustos y otros). Sentencia de 5 de febrero de 2001, CIDH, pp. 306 y ss.

[6] Así deja constancia de su labor intercesora y afirma: "He acompañado a la Corte en la decisión de abstenerse de declarar que el Estado violó el artículo 12 de la Convención Americana por una razón específica: para haber votado en contrario hubiera requerido que obraran en el expediente pruebas precisas sobre el hecho de que, al prohibirse la exhibición de 'La Ultima Tentación de Cristo', se menoscabó efectivamente, en perjuicio de las víctimas concretas del presente caso, el derecho a cambiar de religión o de creencias".

[7] *Vid.* Caso de la Comunidad Mayagna (Sumo) Awas Tingni *vs.* Nicaragua, Sentencia de 31 de agosto de 2001 (Serie C, n° 79).

bio, tanto testigos, peritos y jueces dejaron constancia de la relación con el mismo. De esta forma se ha entendido para el resto de supuestos venideros pues tácitamente quedó acordado que la mejor vía para dar cobertura a los derechos colectivos de las comunidades indígenas —mientras no tengan su propia normativa y goce de la misma aceptación que la Convención Americana— se recurriría al citado artículo 12. Los siguientes casos reseñables han sido: *Caso Masacre Plan de Sánchez* vs. *Guatemala*, sentencia de 29 de abril de 2004 (Serie C, n° 105, n° 116); *Caso de la Comunidad Moiwana* vs. *Suriname*, sentencia de 15 de junio de 2005 (Serie C, n°124, n°145); *Caso Comunidad Indígena Yakye Axa* vs. *Paraguay*, sentencia de 17 de junio de 2005 (Serie C, n° 125, n° 142); etc.

Los demás aspectos, menos reglamentarios y si más institucionales sobre el SIDH y los indoamericanos se posponen hasta el capítulo 5.

4.1.2. Acuerdos con las confesiones religiosas

4.1.2.1. *Acuerdos entre el Estado y la Santa Sede*

Once son los países concordatarios de Latinoamérica. En el caso de Bolivia, El Salvador y Paraguay tienen acuerdos de carácter especial referentes al establecimiento del Ordinariato Castrense, se trata de los acuerdos de 29 de noviembre de 1958[8]; de 11 de marzo de 1968[9] y de 26 de noviembre de 1960[10], respectivamente.

En el caso de Argentina[11], Brasil[12], Colombia[13], Haití[14], República Dominicana[15], Ecuador[16], Perú[17] y Venezuela[18], tienen, entre otros acuerdos

---

[8] Acuerdo entre la Santa Sede y la República de Bolivia sobre jurisdicción eclesiástica castrense y asistencia religiosa de las Fuerzas Armadas, de 29 de noviembre de 1958, modificado por el Acuerdo sobre la asistencia religiosa a las Fuerzas de Policía Nacional, de 1 de diciembre de 1992.

[9] Convenio entre la Santa Sede y la República de El Salvador sobre jurisdicción eclesiástica castrense y asistencia religiosa a las Fuerzas Armadas y Cuerpos de Seguridad.

[10] Convenio entre la Santa Sede y la República del Paraguay sobre la erección del Vicariato Castrense.

[11] Acuerdo entre la Santa Sede y la República Argentina de 10 de octubre de 1966. Sobre este Acuerdo, *vid.* BUSSO, A.D., *La Iglesia y la comunidad política*, Educa, Buenos Aires, 2000 y PADILLA, N., *A treinta años del Acuerdo con la Santa Sede*, en URL: www.calir.org.ar

[12] Acuerdo entre la Santa Sede y la República Federal de Brasil de 13 de noviembre de 2008. Un comentario a este Acuerdo, *vid.* SANTOS DÍEZ, J.L., "El Acuerdo entre la Santa Sede y Brasil (13 noviembre 2008)", *Revista General de Derecho Canónico y Eclesiástico del Estado*, **19,** 2009, en URL: www.iustel.com

específicos con la Santa Sede, un Concordato de carácter general que cubre un número muy amplio de materias que dejan a la Iglesia católica en una situación de privilegio respecto del resto de confesiones como es el reconocimiento de eficacia civil de las declaraciones de nulidad canónica del matrimonio[19], la exención del servicio militar de clérigos y religiosos[20], libertad para establecer centros docentes y enseñanza de la religión católica[21] o la regulación de un sistema de asistencia religiosa[22].

En lo que se refiere al reconocimiento de autonomía y personalidad de la Iglesia católica y sus entidades, el Concordato argentino reconoce a la Iglesia católica el pleno ejercicio de su poder espiritual, de su culto y jurisdicción[23], y la posibilidad de erección y la delimitación de circunscripciones

---

[13] Concordato entre la República de Colombia y la Santa Sede de 12 de julio de 1973. Sobre el Concordato Vid. PRIETO MARTÍNEZ, V., *El Concordato en la jurisprudencia colombiana*, Ediciones Universidad de La Sabana, II, 1998 y "Concordato e Costituzione", *Ius Ecclesiae*, **3**, 2000, pp. 679-698.

[14] Concordato entre Pío IX y la República de Haití de 28 de marzo de 1860.

[15] Concordato entre la Santa Sede y la República Dominicana de 16 de junio de 1954. Hay que destacar que el artículo 1 del Concordato reconoce la religión católica como la oficial y entre otras cuestiones establece la exención de tasas o impuestos de inmigración a los religiosos y religiosas así como una protección especial a los ministros de culto de la Iglesia católica. A pesar del gran número de privilegios reconocidos en el texto concordatario, el 22 de octubre de 2008, la Suprema Corte de Justicia de la República Dominicana dictó sentencia declarando la conformidad de la Constitución dominicana en relación al Concordato de 1954.

[16] Modus vivendi y Convención adicional entre la Santa Sede y la República de Ecuador de 24 de julio de 1937.

[17] Acuerdo entre la Santa Sede y la República del Perú de 19 de julio de 1980. Sobre este Acuerdo, *vid.* RODRÍGUEZ RUIZ, J.R., *La relevancia jurídica del Acuerdo entre la Santa Sede y el Perú. La personalidad jurídica de la Iglesia en el Perú y sus implicancias en el ordenamiento jurídico peruano*, Lima, 2006 y FLORES SANTANA, G., *Principios y criterios para una recta aplicación del Acuerdo internacional celebrado entre la República del Perú y la Santa Sede*, en URL: www.libertadreligiosa.net

[18] Convenio entre la Santa Sede y la República de Venezuela de 6 de marzo de 1964.

[19] *Vid.* el artículo 12 del Concordato brasileño; el artículo 8 del Concordato colombiano y el 16 del Concordato de la República Dominicana.

[20] *Vid.* el artículo 18 del Concordato colombiano y el 12 del Concordato de la República Dominicana.

[21] *Vid.* el artículo 11 del Concordato brasileño; los artículos 11 y 12 del Concordato colombiano; el artículo 19 del Concordato de Perú; los artículos 20, 21 y 22 de la República Dominicana y el artículo 2 del Concordato de Ecuador.

[22] *Vid.* el artículo 16 del Concordato brasileño; el artículo 17 del Concordato colombiano; el 17 del Concordato la República Dominicana; el 18 del Concordato de Perú y el 13 del Concordato de Venezuela.

[23] *Vid.* artículo 1.

eclesiásticas por parte de la Santa Sede con una notificación al Gobierno para que éste señale sus observaciones.

El Concordato colombiano reconoce personalidad jurídica a la Iglesia católica y a todas las entidades eclesiásticas a las que el Derecho Canónico les reconozca[24]. Asimismo se establece en el texto concordatario que "tienen facultad de adquirir, poseer, enajenar y administrar libremente bienes muebles e inmuebles en la forma establecida por la legislación colombiana"[25]. En cuanto al reconocimiento de personalidad jurídica de la Iglesia católica y de sus entidades en el Concordato de la República Dominicana, el artículo 3 establece que "el Estado dominicano reconoce a la Iglesia católica el carácter de sociedad perfecta y le garantiza el libre y pleno ejercicio de su poder espiritual y de su jurisdicción". Asimismo, el Estado dominicano reconoce la personalidad jurídica a todas las entidades religiosas constituidas según el Derecho Canónico a la entrada en vigor del Concordato[26], así como a aquellas erigidas posteriormente siempre que el decreto de erección se comunique por escrito a las autoridades competentes del Estado[27].

El *Modus Vivendi* ecuatoriano reconoce a la Iglesia católica el libre ejercicio de las actividades que le corresponden dentro de la esfera propia[28]. Por otro lado, se reconoce la personalidad civil de las diócesis y demás instituciones católicas una vez cumplidas las formalidades de los cinco primeros artículos del Decreto núm. 212, de 21 de julio de 1937[29]. Por tanto, las entidades eclesiásticas quedan sometidas al régimen especial al que se someten todas las asociaciones religiosas y deben cumplir las formalidades que consisten en comunicar al Ministerio de Cultos los estatutos, el órgano que gobierna y administra los bienes de la entidad, el nombre del representante legal (que deberá tener nacionalidad ecuatoriana) y la inscripción en el Registro de Organizaciones Religiosas.

En el Concordato peruano se reconoce a la Iglesia católica la plena autonomía así como personalidad jurídica y capacidad patrimonial[30]. Igual-

---

[24] *Vid.* artículo 4.

[25] *Vid.* artículo 23.

[26] *Vid.* el artículo 3. Hay que señalar que para las entidades de otras religiones así como las civiles tienen que ajustarse al procedimiento de la Ley núm. 520 de 20 de julio de 1920 y la núm. 122-05 para el reconocimiento de la personalidad jurídica.

[27] *Vid.* artículo 4.

[28] *Vid.* artículo 1.

[29] *Vid.* artículo 5.

[30] *Vid.* artículos 1 y 2. Sobre la autonomía e independencia de la Iglesia Católica en Perú, *vid.* FLORES SANTANA, G., "La autonomía e independencia de la Iglesia Católica en el

mente, se reconoce personalidad y capacidad jurídica a la Conferencia Episcopal Peruana, Arzobispados, Obispados, Prelaturas, Vicariatos Apostólicos existentes y por crearse, Seminarios diocesanos y las Parroquias[31]. El Concordato venezolano reconoce a la Iglesia católica personalidad jurídica y "gozan además de personalidad jurídica para los actos de la vida civil las Diócesis, los Capítulos Catedrales, los Seminarios, las Parroquias, las Órdenes, Congregaciones Religiosas y demás Institutos de perfección cristiana canónicamente reconocidos. Las instituciones y entidades particulares que, según el Derecho Canónico, tienen personalidad jurídica, gozarán de la misma personalidad jurídica ante el Estado una vez que hayan sido cumplidos los requisitos legales"[32].

4.1.2.2. *Acuerdos entre el Estado y confesiones religiosas distintas de la católica*

La mayoría de los países latinoamericanos carecen de acuerdos con confesiones distintas de la Iglesia católica. La ley colombiana 133 de 23 de mayo de 1994, por la cual se desarrolla el derecho de libertad religiosa y de cultos reconocido en el artículo 19 de la Constitución Política, sí que establece la posibilidad de la firma de acuerdos en su artículo 15: "El Estado podrá celebrar con las Iglesias, confesiones y denominaciones religiosas, sus federaciones y confederaciones y asociaciones de ministros, que gocen de personería y ofrezcan garantía de duración por su estatuto y número de miembros, convenios sobre cuestiones religiosas, ya sea Tratados Internacionales o Convenios de Derecho Público Interno... Los Convenios de Derecho Público Interno estarán sometidos al control previo de legalidad de la Sala de Consulta y Servicio Civil del Consejo de Estado y entrarán en vigencia una vez sean suscritos por el Presidente de la República".

Perú: El caso de los cementerios católicos", *Anuario de Derecho Eclesiástico del Estado*, 2004, pp. 279 y ss.

[31] *Vid.* los artículos 3 y 4.

[32] *Vid.* el artículo 4. En el artículo 3 del Concordato brasileño se "reafirma la personalidad jurídica de la Iglesia Católica y de todas las instituciones eclesiásticas que poseen personalidad en conformidad con el Derecho Canónico, siempre que no se opongan al sistema constitucional y legislación brasileña".

De este modo, existe un convenio firmado por el Estado colombiano y algunas iglesias cristianas no católicas[33]. En el artículo 50 del texto constitucional peruano, como ya vimos, se establece la posibilidad de que el Estado establezca formas de colaboración con las confesiones religiosas y, en el proyecto de Ley de Libertad Religiosa de Argentina se prevé este tipo de acuerdos[34].

4.2. REGULACIÓN UNILATERAL

4.2.1. Regulación constitucional

4.2.1.1. *Ámbito angloamericano*

Se insiste, una vez más, en que el gran prototipo de este entorno socio-jurídico es el modelo ofrecido por los EE.UU. (desde 1791, con la entrada en

---

[33] El Convenio núm. 1 de 1997 fue suscrito por el Presidente de la República, en nombre del Estado colombiano, y los representantes legales de las siguientes entidades religiosas:

1. Concilio de las Asambleas de Dios en Colombia, representada por el señor Efraín Sinisterra Valencia, a ésta pertenece la Iglesia Comunidad Cristiana Manantial de Vida Eterna.
2. Iglesia Cruzada Cristiana, representada por el señor José Vicente Fique López.
3. Iglesia Cristiana Cuadrangular, representada por el señor Rafael Gustavo Pérez López.
4. Iglesia de Dios en Colombia, representada por el señor Héctor Manuel Martínez Villamil.
5. Casa sobre la Roca-Iglesia Cristiana Integral, representada por el señor Darío Silva Silva.
6. Iglesia Pentecostal Unida de Colombia, representada por el señor Reynel Antonio Galviz Rueda.
7. Denominación Misión Panamericana de Colombia, representada por el señor Carlos Julio Moreno.
8. Iglesia de Dios Pentecostal Movimiento Internacional de Colombia, representada por el señor Álvaro Biojó.
9. Iglesia Adventista del Séptimo Día de Colombia, representada por el señor Bernardo Rodríguez Triviño.
10. Iglesia Wesleyana, representada por el señor Juan de la Cruz Piñeros.
11. Iglesia Cristiana de Puente Largo, representada por el señor Rafael Josué Reyes Arévalo.
12. Federación Consejo Evangélico de Colombia, CEDECOL, representada por el señor Guillermo Triana.

[34] *Vid.* NAVARRO FLORIA, J., *La libertad religiosa y el Derecho Eclesiástico en América del Sur…*, *op. cit.*, p. 50.

vigor de la *Bill of Rights* [Declaración de derechos]), y que el resto de países ha tomado de referencia en su búsqueda de uno propio (e.g., Antigua y Barbuda desde 1981, Bahamas desde 1973, Belice desde 1981, Canadá desde la repatriación de 1982, Jamaica desde 1962 —enmendada significativamente en 1994—, etc.).

¿Qué tiene de peculiar el modelo estadounidense y en qué consiste? Mientras que en Europa continental la religión fue instrumentalizada por los poderes públicos para crear las identidades nacionales y expulsar a los disidentes, en cambio, en los incipientes EE.UU., fruto de la conjunción de trece colonias, nacidas de la pluralidad y popularización religiosa, desde el principio se tiene claro que no se trata tanto de preservar al Estado de la religión —tal y como se ha argumentado tardíamente por los diversos socialismos—, sino al revés: la religión es patrimonio popular y por ello no se puede pedir declaración religiosa para ocupar cargo público. De este modo, el artículo 6 de la Constitución de los EE.UU. de 1787, rompe con la tradición colonial de prestar juramento de supremacía[35]. Para dejar aún más claras las cosas, al año de entrar en vigor la Constitución, los Padres Fundadores estadounidenses comienzan a trabajar en una Declaración de derechos en forma de diez enmiendas constitucionales (redactadas en 1789, y entrando en vigor en 1791). La primera de dichas enmiendas arranca con el reconocimiento, protección y promoción de la libertad y autonomía religiosa. Tan relevante parece la cuestión, que se le dota de doble cláusula en su regulación: a) *Establishment clause* [cláusula de aconfesionalidad], que promueve la no oficialidad religiosa y, por tanto, se garantiza la autonomía así como, la pluralidad y popularización religiosa; b) *Free exercise clause* [cláusula de libre culto], mediante la cual, los poderes públicos se comprometen a velar por la observación y fomento de la religiosidad —como vía de afianzamiento de las relaciones interpersonales que aseguran la integración social—. En definitiva, se trata de un amplio intervalo de actuaciones, donde el límite inferior es la aconfesionalidad, y el límite superior es la garantía del libre culto, por lo que dentro de marco operativo cada Estado puede moverse con bastante discrecionalidad (e.g., si se reconoce algún favor a alguna confesión religiosa, es obligatorio extendérselo al resto de confesiones para mantener las condiciones de igualdad jurídica). Para consolidar el modelo y evitar una excesiva dispersión, en 1866 se aprueba la Catorce enmienda (entrando en vigor en 1868), que pone fin a los preferencialismos eclesiásti-

---

[35] Se trata de un gesto de demostración de la superación de los vestigios británicos en las colonias, de sumisión y discriminatorios, derivados de las *Act of Supremacy* de Enrique VIII (1534) e Isabel I (1559), con sus versiones coloniales de las *Blue Laws*.

cos, además de establecerse un control federal de la materia, como garantía de que todos los estadounidenses gocen de los mismos derechos y libertades en los cincuenta Estados de la Unión.

Así, en el ámbito federal, el Tribunal Supremo se convierte en el gran supervisor, no sólo porque le corresponda velar por la correcta interpretación de la Constitución (arts. 3 y 6), sino porque además ha de casar el ingente volumen de decisiones que existen sobre la materia (de acuerdo con las enmiendas Primera y Catorce), siendo ya más de trescientas las sentencias consolidadas —aunque de voluble *ratio decidendi*—. Ahora bien, éste no es el único órgano federal competente, como se verá de inmediato al tratar el desarrollo legislativo y reglamentario.

4.2.1.2. *Ámbito latinoamericano*

Hoy en día, en todos los Estados latinoamericanos, como ya hemos señalado, se garantiza la libertad religiosa y pueden ser considerados como aconfesionales[36]. No obstante, del análisis de las prescripciones constitucionales podemos comprobar la diferente posición que ocupan las distintas entidades religiosas. Numerosos países encabezan su Constitución con una invocación a Dios: se trata de Argentina[37], Brasil[38], Bolivia[39], Chile[40], Colombia[41], Costa Rica[42], Ecuador[43], El Salvador[44], Guatemala[45], Honduras[46], Nicaragua[47],

---

[36] Sobre las distintas etapas del proceso de consolidación de los modelos constitucionalistas latinoamericanos *vid.*, entre otros, MORÁN, G.M., "La consolidación del modelo constitucionalista republicano en Iberoamérica y sus consecuencias en el ámbito de la libertad religiosa: análisis macro-comparado de su evolución", en *Laicidad y Libertades. Escritos Jurídicos*, **3**, 2003, pp. 224 y ss.

[37] "Nos, los representantes del pueblo de la Nación Argentina (…) para nosotros, para nuestra posteridad, y para todos los hombres del mundo que quieran habitar en el suelo argentino: invocando la protección de Dios, frente a toda razón y justicia".

[38] "Nosotros, representantes del pueblo brasileño (…) en el orden interno e internacional, en la solución pacífica de las controversias, promulgamos bajo la protección de Dios".

[39] "Cumpliendo el mandato de nuestros pueblos, con la fortaleza de nuestra Pachamama y gracias a Dios, refundamos Bolivia".

[40] "Con el mérito de estos antecedentes e invocando el nombre de Dios Todopoderoso".

[41] "El pueblo de Colombia, en ejercicio de su poder soberano...invocando la protección de Dios, y con el fin de fortalecer la unidad de la Nación y asegurar a sus integrantes la vida, la convivencia, el trabajo... dentro de un marco jurídico, democrático y participativo".

[42] "Nosotros, los Representantes del pueblo de Costa Rica (…) invocando el nombre de Dios y reiterando nuestra fe en la Democracia".

[43] "Invocando el nombre de Dios y reconociendo nuestras diversas formas de religiosidad y espiritualidad".

[44] "Nosotros, representantes del pueblo salvadoreño (…) puesta nuestra confianza en Dios".

Panamá[48], Paraguay[49], Perú[50], Puerto Rico[51] y Venezuela[52]. De esta proclamación que se hace en los preámbulos constitucionales podemos deducir que se sitúa en un plano de superioridad, con respecto a las restantes, a aquellas iglesias que comparten tales principios y si tenemos en cuenta la tradición religiosa de estos países la confesión referida es la Iglesia católica.

Asimismo, tanto en el texto constitucional de El Salvador[53], Guatemala[54], Paraguay[55] y Perú[56] como en la de Uruguay[57] se menciona expresa-

---

[45] "Invocando el nombre de Dios, nosotros, los representantes del pueblo de Guatemala".

[46] "Nosotros (…) invocando la protección de Dios y el ejemplo de nuestros próceres".

[47] "En nombre del pueblo nicaragüense; de todos los partidos (…) de sus hombres y mujeres...de los cristianos que desde su fe en Dios se han comprometido e insertado en la lucha por la liberación de los oprimidos".

[48] "Con el fin supremo de fortalecer la nación, garantizar la libertad, asegurar la democracia y la estabilidad institucional, exaltar la dignidad humana, promover la justicia social, el bienestar general y la integración regional, e invocando la protección de Dios".

[49] "El pueblo paraguayo (…) invocando a Dios, reconociendo la dignidad humana con el fin de asegurar la libertad, la igualdad y la justicia".

[50] "El Congreso Constituyente Democrático, invocando a Dios Todopoderoso, obedeciendo el mandato del pueblo peruano".

[51] "Nosotros, el pueblo de Puerto Rico, a fin de organizarnos políticamente sobre una base plenamente democrática, promover el bienestar general y asegurar para nosotros y nuestra posteridad el goce cabal de los derechos humanos, puesta nuestra confianza en Dios Todopoderoso".

[52] "El pueblo de Venezuela, en ejercicio de sus poderes creadores e invocando la protección de Dios".

[53] Artículo 26: "Se reconoce la personalidad jurídica de la Iglesia católica. Las demás iglesias podrán obtener, conforme a la ley, el reconocimiento de su personalidad".

[54] Artículo 37: "Se reconoce la personalidad jurídica de la Iglesia católica. Las otras iglesias, cultos, entidades y asociaciones de carácter religioso obtendrán el reconocimiento de su personalidad jurídica conforme las reglas de su institución y el Gobierno no podrá negarlo si no fuese por razones de orden público. El Estado extenderá a la Iglesia católica, sin costo alguno, títulos de propiedad de los bienes inmuebles que actualmente y en forma pacífica posee para sus propios fines, siempre que hayan formado parte del patrimonio de la Iglesia católica en el pasado. No podrán ser afectados los bienes inscritos a favor de terceras personas, ni los que el Estado tradicionalmente ha destinado a sus servicios".

[55] El artículo 24 establece: "Las relaciones del Estado con la iglesia católica se basan en la independencia, cooperación y autonomía". Por otro lado el artículo 82 de la misma Constitución paraguaya señala que: "Se reconoce el protagonismo de la Iglesia Católica en la formación histórica y cultural de la nación".

[56] Artículo 50: "Dentro de un régimen de independencia y autonomía, el Estado reconoce a la Iglesia católica como elemento importante en la formación histórica, cultural y moral del Perú, y le presta su colaboración. El Estado respeta otras confesiones y puede establecer formas de colaboración con ellas".

mente a la Iglesia católica. Hay que destacar que tal mención tiene un contenido jurídico específico: las Constituciones de El Salvador y de Guatemala reconocen expresamente la personalidad jurídica de la Iglesia católica; el Estado paraguayo reconoce la autonomía de la Iglesia católica y su protagonismo en la formación histórica y cultural de la nación; Perú reconoce, igualmente, la labor de la Iglesia católica en la formación histórica y moral de la nación y establece que el Estado peruano presta su colaboración a dicha confesión. Se observa una diferencia sustancial entre el trato que se da a la Iglesia católica respecto del resto de confesiones puesto que mientras que a la primera se le reconoce la colaboración por parte de los poderes públicos, respecto del resto de confesiones se señala en el texto constitucional que el Estado "puede establecer formas de colaboración con ellas" y, el Estado uruguayo le reconoce a la Iglesia católica el dominio de todos los templos que hayan sido construidos con fondos públicos, exceptuándose las capillas destinadas a la prestación de asistencia religiosa en establecimientos estatales, por lo que se le podría estar reconociendo tácitamente su personalidad jurídica.

Por otro lado, también en el plano constitucional, tanto en Argentina y Costa Rica así como en Panamá se sitúa a la Iglesia católica en un escalón de superioridad con respecto a otros grupos religiosos. De este modo, en el texto argentino se establece que "el Gobierno federal sostiene el culto católico, apostólico romano"[58]; en el artículo 75 de la Constitución costarricense se proclama que: "La religión católica, apostólica, romana es la del Estado, el cual contribuye a su mantenimiento, sin impedir el libre ejercicio en la República de otros cultos que no se opongan a la moral universal ni a las buenas costumbres", y la carta constitucional panameña reconoce que "la religión católica es la de la mayoría de los panameños"[59].

---

[57] Artículo 5: "Todos los cultos religiosos son libres en el Uruguay. El Estado no sostiene religión alguna. Reconoce a la Iglesia católica el dominio de todos los templos que hayan sido total o parcialmente construidos con fondos del erario nacional, exceptuándose sólo las capillas destinadas al servicio de asilos, hospitales, cárceles u otros establecimientos públicos. Declara, asimismo, exentos de toda clase de impuestos a los templos consagrados al culto de las diversas religiones". Sobre el principio de laicidad en Uruguay, así como en México, Chile y Ecuador *vid.* PRECHT PIZARRO, J.E., "La laicidad del Estado en cuatro Constituciones latinoamericanas", *Estudios Constitucionales*, Chile, 2006, pp. 697 y ss.

[58] Artículo 2.

[59] Artículo 35.

Estas Constituciones mencionan también, con diferente terminología, a otros grupos religiosos. Así, se hace referencia a "iglesias"[60], "confesiones"[61], "entidades y asociaciones de carácter religioso"[62], instituciones religiosas"[63] u otra expresión similar como la de "culto" que señala la Constitución de Cuba en su artículo 55 y la de México en su artículo 24[64]. Esto demuestra que la categoría de confesión o de cualquier otra similar se tiene en cuenta por las Constituciones latinoamericanas, si bien podemos concluir que la Iglesia católica se sitúa en los textos constitucionales en un plano de superioridad.

4.2.2. Leyes de libertad religiosa

4.2.2.1. *Ámbito angloamericano*

Se sigue atendiendo al modelo estadounidense como el prototípico. Según el mismo, los principios básicos por los que velan los poderes federales para el desarrollo legislativo y reglamentario de los preceptos constitucionales son los siguientes:

(a) *Establishment clause*: Es la tipificación de la aconfesionalidad, por lo que no cabe una religión oficial. Incluso, tras la aprobación de la Catorce enmienda, tampoco cabe una diversidad de religiones oficiales, como se producía con el preferencialismo.

(b) *Free exercise clause*: Los poderes públicos están obligados a remover los obstáculos que dificulten el libre culto, además de tener el deber de buscar las fórmulas que permitan una separación acomodaticia sostenible y próspera.

---

[60] *Vid.* el artículo 26 de la Constitución de El Salvador.

[61] *Vid.* el artículo 19 de la Constitución de Colombia; el artículo 50 de la Constitución de Perú y el artículo 59 de la Constitución de Venezuela.

[62] *Vid.* el artículo 37 de la Constitución de Guatemala y el artículo 36 de la Constitución de Panamá.

[63] *Vid.* el artículo 19 de la Constitución de Chile.

[64] *Vid.* también el artículo 75 de la Constitución de Costa Rica; el artículo 77 de la Constitución de Honduras; el artículo 14 de la Constitución de Argentina; el artículo 5 de la Constitución de Brasil; el artículo 30 de la Constitución de Haití; el artículo 69 de la Constitución de Nicaragua; el artículo 24 de la Constitución de Paraguay; el artículo 8 de la Constitución de la República Dominicana y el artículo 5 de la Constitución de Uruguay.

(c) *Equal clause*: Es necesario garantizar la libertad, igualdad y autonomía religiosa en todo el país, cosa por la que velan los poderes federales. Ahora bien, en su supervisión, deben respetar los otros principios, por lo que no pueden proceder a un desarrollo legislativo y reglamentario que entre a definir la religión, las reglas de funcionamiento interno de las confesiones y/o a pretender equiparar a las organizaciones religiosas con otras asociaciones civiles, pues tal decisión sólo le corresponde al pueblo estadounidense.

(d) *Ecclesiastical corporation sole*: Se reconoce al pueblo estadounidense su derecho de decidir si desea inscribir su agrupación como entidad religiosa o no —y sólo a efectos de Derecho Financiero y Laboral, luego muy pragmático todo ello—, así como, se obliga a los poderes públicos a reconocer eficacia civil a las reglas internas de las confesiones, salvo sospecha de fraude, arbitrariedad y/o atentado contra el orden público.

(e) *Checks & balances policy*: La política de frenos y contrapesos consiste en un sistema de limitación del poder, a través de la mutua vigilancia entre instituciones públicas y de exigencia de rendición de cuentas a la ciudadanía. Así, los poderes federales deben supervisar las políticas del resto de poderes estatales y locales, pero a su vez, los poderes federales han de vigilarse entre sí.

El desarrollo legislativo y reglamentario de los poderes federales, además de la observación de los principios mencionados, guardan en común los siguientes rasgos definitorios[65]:

- *Regulación caduca*: Son preceptos de una naturaleza temporal limitada, debido a su íntima relación con las políticas públicas en curso, por lo que dependen de los titulares de sus órganos y sus agendas institucionales, así como de la duración de la Legislatura y/o la Administración de turno.

- *Regulación dependiente*: Son preceptos que requieren del respaldo de otros órganos. En el caso de las *Acts* y *Bills* [Leyes Orgánicas y Ordinarias], sólo entran en vigor pleno cuando se citan en un pro-

---

[65] *Vid.* CALABRESI, G., *A Common Law for the age of Statutes*, Cambridge, 1982 y ESKRIDGE, W.N., *Legislation: Statutes and the Creation of Public Policy*, New York, 2001.

ceso judicial. Por su parte, las Proclamations y Regulations [Decretos y Reglamentos], tienen condición de acto administrativo y no gozan de una naturaleza regulatoria plena hasta que no obtienen el respaldado del Congreso[66], con lo que pasaría a convertirse la preceptiva de supuestos concretos en reglas generalizables a casos similares. Igualmente, cabe la vía de los tribunales.

- *Regulación de bienestar*: La mayor parte de la ordenación adoptada sobre el factor religioso atiende a la herencia del Social Gospel, por lo que se concibe de forma pragmática y secularizada como materia de salud y bienestar público (Título 42 del U.S. Code), y está sujeta a control fiscal (Título 26, acerca del Internal Revenue Code).

Hasta ahora, se han mencionado los principios rectores y rasgos comunes del desarrollo legislativo y reglamentario, pero también tienen sus diferencias. Obviamente están las evidentes relativas a sus fuentes, formas y fines; igualmente afecta de forma significativa a dicha distinción el ámbito de actuaciones al que se destine la regulación:

(a) **Gestión doméstica**: abundante ha sido la producción legislativa sobre el factor religioso en los últimos años, *Church Arson Prevention Act of* 1996[67]; *The Defense of Marriage* of 1996[68]; *Bankruptcy-Religious Liberty and Charitable Donation Protection Act of* 1998[69]; *Religious Land Use and Institutionalized Persons Act of* 2000[70]; *Religious Workers Act of* 2000[71], aunque de entre

---

[66] Recuérdese que "Act" viene de la expresión "acto ante el monarca", que en los EE.UU., es "acto ante el Congreso", siendo ésta la vía para introducir la agenda institucional, dándosele fuerza legal y convirtiéndose en acta o ley formal (Statutory Law).

[67] *Vid.* PL [Public Law] 104-155, July 3, 1996, 110 Stat. 1392 UNITED STATES PUBLIC LAWS 104th Congress-Second Session Convening January 3, 1996 PL 104-155 (HR 3525) CHURCH ARSON PREVENTION ACT OF 1996.

[68] *Vid.* PL 104-199, Sept. 21, 1996, 100 Stat. 2419 UNITED STATES PUBLIC LAWS 104th Congress - Second Session Convening January 3, 1996 PL 104-199 (HR 3396) THE DEFENSE OF MARRIAGE ACT OF 1996.

[69] *Vid.* PL 105-183, June 19, 1998, 112 Stat 517 UNITED STATES PUBLIC LAWS 105th Congress-Second Session Convening January 27, 1998 PL 105-183 (S 1244) BANKRUPTCY-RELIGIOUS LIBERTY AND CHARITABLE DONATION PROTECTION ACT OF 1998.

[70] PL 106-274, September 22, 2000, 114 Stat 803 UNITED STATES PUBLIC LAWS 106th Congress-Second Session Convening January 24, 2000 PL 106-274 (S 2869) RELIGIOUS LAND USE AND INSTITUTIONALIZED PERSONS ACT OF 2000.

todas las leyes, la más destacada, sin duda, es la *Religious Freedom Restoration Act of* 1993 [Ley de Restauración de la Libertad Religiosa de 1993]. Fue aprobada por la Administración Clinton y derogados buena parte de sus preceptos por el Tribunal Supremo en 1997.

(b) Gestión exterior: Igualmente es generosa la producción normative, *Extension of Inmigration Deadlines for Religious Workers, Charitable Service Workers, and Paperwork Changes in Employer Sanctions of* 1997[72]; *International Religious Freedom Act of* 1998[73]; *International Religious Freedom Act Amendments of* 1999[74]; *Global Anti-semitism Review Act of* 2004[75], lo cual sorprende aún más si se tiene en cuenta que su impulsora fue la Administración Clinton, cuando al mismo tiempo estaba promoviendo una mayor participación de los EE.UU. en las Organizaciones Internacionales: ¿cómo se puede ratificar el Pacto Internacional de Derechos Civiles y Políticos, con sus mecanismos de relatorías (e.g. Relatoría de Libertad Religiosa), y al mismo tiempo, constituir un servicio propio, como el surgido de la *International Religious Freedom Act* of 1998 [Ley de Libertad Religiosa Internacional de 1998], justificador de intervenciones internacionales?

La clave para comprender la atípica situación normativa actual —y su aparente vulneración de principios rectores y rasgos comunes expuestos— radica en la década de 1990 y sus políticas públicas, con dos tendencias dicotómicas de las Administraciones Clinton —de discursos paradógi-

---

[71] PL 106-409, November 1, 2000, 114 Stat 1787 UNITED STATES PUBLIC LAWS 106th Congress - Second Session Convening January 24, 2000 PL 106-409 (HR 4068) RELIGIOUS WORKERS ACT OF 2000).

[72] PL 105-54, October 6, 1997, 111 Stat 1175 UNITED STATES PUBLIC LAWS 105th Congress - First Session Convening January 7, 1997 PL 105-54 (S 1198) EXTENSION OF IMMIGRATION DEADLINES FOR RELIGIOUS WORKERS, CHARITABLE SERVICE WORKERS, AND PAPERWORK CHANGES IN EMPLOYER SANCTIONS OF 1997.

[73] PL 105-292, October 27, 1998, 112 Stat 2787 UNITED STATES PUBLIC LAWS 105th Congress-Second Session Convening January 27, 1998 PL 105-292 (HR 2431) INTERNATIONAL RELIGIOUS FREEDOM ACT OF 1998.

[74] PL 106-55, August 17, 1999, 113 Stat 401 UNITED STATES PUBLIC LAWS 106th Congress-First Session Convening January 27, 1999 PL 106-55 (S 1546) INTERNATIONAL RELIGIOUS FREEDOM ACT AMENDMENTS, 1999.

[75] PL 108-332, October 16, 118 Stat 1282 UNITED STATES PUBLIC LAWS 108th Congress-Second Session Convening January 20 (S 2292) PL GLOBAL ANTI-SEMITISM REVIEW ACT OF 2004.

cos y de *garbage can policy* [política de papelera de reciclaje/arte de ir tirando]—, que se distinguen como etapa pre-escándalo sexual y post-escándalo.

Téngase en cuenta que Clinton es considerado entre la categoría de Presidentes pastores, debido a que su discurso es conciliador y próximo al pueblo aunque no así los miembros de su Gabinete, que inician una políticas de corrección política, entre ellas, para la redefinición de la religión y su papel en la sociedad. Se trata de una estrategia de reducción de la presencia de las organizaciones religiosas en las políticas sociales. Para ello, lo mejor es delimitar y dividir, y así se hace: se delimita con la *Religious Freedom Restoration Act of* 1993 (RFRA), y se divide con nuevos programas de actuación social para incrementar la presencia organizaciones (laicas) de caridad (ONGs). La primera medida, la RFRA, construye un discurso a favor de la cláusula de libre ejercicio, pero en realidad, lo que se pretende es minimizar las interacciones tradicionales entre Estado y religión, además de constreñir las creencias personales al ámbito de la más absoluta intimidad. La segunda medida, es la trasversal *Charitable choice* [opción/acción caritativa], que supone una importante reforma de las políticas públicas de salud y bienestar general (Título 42 del *U.S. Code*), más otros programas de gasto público, con lo que se pretende impulsar la constitución de ONGs, al concedérseles prioridad en la obtención de fondos federales en detrimento de las organizaciones religiosas, que eran las tradicionalmente encargadas de dicha labor, y pierden buena parte de sus fondos. Otra forma de dividir, disminuyéndose así el peso de la tradición judeocristiana estadounidense, es la corrección política promotora de aquellas otras religiones minoritarias, que se consideran poco representadas, como se publicita del caso Smith y la religión indoamericana (con su consumo de peyote para las ceremonias) —resulta sumamente paradójico, que de un lado se desee arrinconar el bagaje judeocristiano y de otro lado, se promocione públicamente otras creencias religiosas minoritarias—.

En perspectiva —lo que permite una valoración más completa—, las estrategias empleadas resultaron inadecuadas para el mantenimiento de la estabilidad social, pues terminaron provocando una división entre la ciudadanía. De este modo, según el sentir del momento —volviendo a la década de 1990—, comienza a fraguarse un distanciamiento entre el Gobierno Federal y las bases populares, que pasan a concentrar sus esfuerzos en las campañas al Congreso y en la conformación de *think-tanks*, para que abanderasen sus causas en Washington DC.

Recuperando la exposición por etapas, la primera, abierta con la RFRA, seguida de la promoción de las religiones minoritarias y las reformas del sistema de bienestar social, cuyo proyecto estrella iba a ser la *Charitable choice*— con lo que se marginaría a las organizaciones religiosas, según quejas de las mismas; empero, su fin de etapa estaba cerca, con la caída de la RFRA y el inicio del escándalo Lewinsky (1997-98). Sobre la RFRA, al procurar definir legalmente la religión y sus aspectos jurídicos, ello provocó la avalancha de casos, cuyo desbordamiento para los tribunales obligó al Tribunal Supremo a zanjar la cuestión mediante su decisión en el caso *City of Boerne vs. Flores* (521 U.S. 507, 1997), lo cual no fue por casualidad, sino para frenar igualmente la corrección política y el hiperprotagonismo concedido a variedades religiosas minoritarias, como el supuesto de la santería. El Tribunal Supremo declaró inconstitucional buena parte de los mandatos contenidos por la ley, restringiendo su obligatoriedad a la jurisdicción y competencia Federal —ni dos años después, el Congreso ponía fin definitivo a la cuestión con la *The Religious Liberty Protection Act of* 1999 (H.R. 1691). Era evidente que la RFRA había fallado, ya no tanto por su pérdida de vigor, sino porque había logrado el efecto contrario al pretendido, había abierto las puertas del Congreso a la tramitación de leyes sobre asuntos religiosos.

En cuanto a la segunda etapa, el escándalo sexual presidencial trajo consigo una ola de moralidad en el país que obligó al Presidente a dar testimonio[76], por televisión, ante el pueblo estadounidense. Desde entonces, Clinton hubo de modular aún más su discurso e introducir más elementos de reconciliación con la tradición judeocristiana. Así que, sus productos estrella para esa etapa, en lo doméstico las iniciativas de caridad y en lo exterior la defensa de los Derechos Humanos, iban a quedar salpicados de un discurso religioso confuso, según el auditorio. Tal ambigüedad fue aprovechada por el siguiente inquilino de la *Casa Blanca*, W. Bush, quién enfatizó el discurso religioso, dándole un tono más tradicionalista y convirtiendo los programas en curso: a) los domésticos, de *Charitable choices en Faith-based iniciatives* (para organizaciones religiosas)[77], la *Religious Freedom Restoration en The First Freedom Project* (con unidades específicas para velar por el cumplimiento de la normativa religiosa), etc.; b) los exteriores, como los

---

[76] Dar testimonio público es la fórmula de confesión protestante.

[77] Para profundizar en el paso de un programa a otro, y sobre todo en su reinterpretación de sentido, pueden consultarse las diversas explicaciones que aportan más de una decena de autores en DAVIS, D., HANKINS, B. (eds.), *Welfare Reform & Faith-based organizations*, Waco, 1999.

sectoriales programas para los rogue states [países fallidos] (e.g. *Human Rights Cooperation, International Religious Freedom Monotoring*), dando paso a un sistema pleno de política internacional —siendo una variante del *American Enterprise Institute*-AEI [Instituto de la Empresa/Sociedad Estadounidense] del *Clash of Civilizations* [choque de civilizaciones][78]—.

En definitiva, puede observarse que pese a que, aunque hasta la fecha el modelo estadounidense ha sido el referencial para otros países que buscaban el propio, hoy en día, dicho modelo prototípico requiere de una revisión para reencauzarlo de acuerdo con los preceptos constitucionales.

4.2.2.2. *Ámbito latinoamericano*

El derecho de asociación con finalidad religiosa está reconocido en todos los países latinoamericanos. La legislación eclesiástica unilateral latinoamericana prevé, en la mayoría de los casos, la inscripción de las confesiones religiosas en los respectivos Registros Nacionales. Como ya señalamos, todos los países reconocen la libertad religiosa como derecho fundamental pero pocos poseen una ley específica sobre la materia y es el derecho común de asociaciones al que se reconduce el fenómeno de las confesiones religiosas. Entre los países que tienen proyectos sobre leyes de libertad religiosa hay que citar a Bolivia, con un "Proyecto de Ley de Culto de 2001"[79]; Venezuela, con un Anteproyecto de Ley de Religión y culto de 2003"; Perú, con un "Proyecto de Ley de Libertad Religiosa de 1999"[80] y Argentina, donde se está trabajando, desde 1990, en una ley de libertad religiosa[81].

De los Estados que sí que legislan sobre la materia Chile lo hace mediante la Ley núm. 19638, de 22 de septiembre de 1999, que establece nor-

---

[78] *Vid.* SÁNCHEZ-BAYÓN, A., "Revitalizaciones religiosas postmodernas en América…, *op. cit.*

[79] *Vid.* VALDA DE MAYER, C., en DE LA HERA, A., MARTÍNEZ DE CODES, R.Mª. (coords.), *Foro Iberoamericano sobre Libertad Religiosa*, Madrid, 2001, p. 51.

[80] *Vid.* GARCÍA-MONTÚFAR, G., ARATA SOLÍS, M., ISAACSON, S.E., "Advances in Religious Liberty in Peru", *Brigham Young University Law Review*, **2**, 2004, pp. 385 y ss.

[81] Hay que significar que la Ley Orgánica de Libertad Religiosa española es punto de referencia para estos proyectos así como para algunas de las leyes existentes. Algunos trabajos recientes sobre la ley española vid: el volumen del año 2005 de la Revista *Conciencia y Libertad* dedicado a *reflexiones sobre la Ley Orgánica de Libertad Religiosa (1980-2005)*; CORSINO ÁLVAREZ-CORTINA, A., RODRÍGUEZ BLANCO, M. (coords.), *La libertad religiosa en España. XXV años de vigencia de la Ley Orgánica 7/1980, de 5 de julio (comentarios a su articulado)*, Granada, 2006 y, el número de enero de 2009 de la *Revista General de Derecho Canónico y Derecho Eclesiástico del Estado* (URL: www.iustel.com) dedicado a la *Ley Orgánica de Libertad Religiosa: contenido y reforma*.

mas sobre la constitución de las iglesias y organizaciones religiosas[82]. Los tres primeros artículos de la ley se refieren al reconocimiento y protección de la libertad religiosa. Posteriormente, la citada norma establece que el término entidad religiosa engloba a las iglesias, confesiones e instituciones religiosas de cualquier culto[83] y las define como aquellas "entidades integradas por personas naturales que profesen una determinada fe"[84].

Para que las entidades religiosas se constituyan en personas jurídicas se debe producir el siguiente procedimiento: inscripción en el registro público del Ministerio de Justicia de la escritura pública en que consten el acta de constitución y sus estatutos; deberán transcurrir noventa días desde la fecha de inscripción sin que el Ministerio de Justicia formule objeción y se deberá publicar en el Diario Oficial un extracto del acta de constitución en que se incluya el número de registro o inscripción asignado[85]. La plena autonomía posibilita a las entidades religiosas: (a) ejercer libremente su ministerio, celebrar reuniones de carácter religioso y mantener lugares de culto para esos fines y, (b) establecer su organización interna y enumerar, comunicar y difundir su propio credo y manifestar su doctrina[86].

Pero el artículo más relevante de la ley chilena es el 20, que establece: "El Estado reconoce el ordenamiento, la personalidad jurídica, sea ésta de derecho público o de derecho privado, y la plena capacidad de goce y ejercicio de las iglesias, confesiones e instituciones religiosas que los tengan a la fecha de publicación de esta ley, entidades que mantendrán el régimen jurídico que les es propio, sin que ello sea causa de trato desigual entre dichas entidades y las que se constituyan en conformidad a esta ley"[87]. De acuerdo con esta norma, la Iglesia católica conserva la personalidad jurídica de derecho público que ha detentado desde siempre en Chile puesto que si

---

[82] El Decreto núm. 303 del Ministerio de Justicia de 21 de marzo de 2000 ha aprobado el Reglamento para el registro de entidades religiosas de derecho público.

[83] *Vid.* artículo 5.

[84] *Vid.* artículo 4.

[85] *Vid.* artículo 10.

[86] *Vid.* artículo 7.

[87] Como señala Del Pico, del tenor de este artículo 20 de la Ley chilena, "vale decir, las iglesias que anteriormente gozaban de la calidad de persona jurídica de derecho público mantienen sus prerrogativas y derechos. Segundo, las nuevas entidades podrán optar o por mantener la calidad de derecho privado o por optar a la calidad de derecho público; será un derecho optativo. En tercer lugar, sea una entidad religiosa de derecho público o sea de derecho privado, no puede existir discriminación por parte del Estado o a sus agentes en relación con una y otras, el tratamiento debe ser similar". DEL PICO, J., en DE LA HERA, A., MARTÍNEZ DE CODES, R.Mª. (coords.), *Foro Iberoamericano sobre Libertad...*, *op.cit.*, p. 150.

bien al separarse la Iglesia del Estado en 1925 se discutió por algunos la pérdida de dicha calidad, se "terminó reafirmándose su personalidad jurídica de derecho público, pero sólo a nivel doctrinal y jurisprudencial, si bien en sentencias del más alto nivel como la Corte suprema"[88]. De este modo, atendiendo a lo establecido en la ley chilena se llega a la conclusión que la Iglesia católica y sus entidades, junto a la Iglesia ortodoxa de Antioquía[89], ocupan un lugar preferente en la tipología de entidades religiosas de este país al reconocérseles su personalidad jurídica de derecho público y no necesitar su inscripción en el registro[90].

Finalmente, el Capítulo IV de la ley chilena está dedicado al patrimonio y exenciones y textualmente el artículo 16 señala que: "Las donaciones que reciban las personas jurídicas a que se refiere esta ley, estarán exentas del trámite de insinuación, cuando su valor no exceda de veinticinco unidades tributarias mensuales"[91].

En Colombia rige la citada Ley 133 de 23 de mayo. Los dos primeros capítulos se dedican al derecho de libertad religiosa y su ámbito de aplicación. El capítulo tercero se refiere a la personalidad jurídica de las confesiones religiosas a las que se reconoce un amplio grado de autonomía[92] y personalidad jurídica de derecho público una vez que se inscriban en el registro de entidades religiosas del Ministerio del Interior[93].

---

[88] SALINAS ARANEDA, C., "La reciente ley chilena que establece normas sobre la constitución jurídica de las iglesias y organizaciones religiosas", *Il Diritto Ecclesiastico*, **2**, 2000, p. 482. En el mismo sentido, *vid.* PRECHT PIZARRO, J.E., "La recepción de la Iglesia Católica por ley de la República de Chile", *Revista Chilena de Derecho*, **3**, 1999, p. 715.

[89] Tiene personalidad jurídica de derecho público en base a la ley 17725.

[90] SALINAS ARANEDA, C., "Confesiones religiosas y personalidad jurídica en el Derecho del Estado de Chile", *Anuario de Derecho Eclesiástico del Estado*, 2002, pp. 95-166.

[91] Por otro lado, el artículo 19.6 de la Constitución exime a las confesiones religiosas del pago de contribuciones cuando señala: "Las iglesias, las confesiones e instituciones religiosas de cualquier culto tendrán los derechos que otorgan y reconocen, con respecto a los bienes, las leyes actualmente en vigor. Los templos y sus dependencias, destinados exclusivamente al servicio de un culto, estarán exentos de toda clase de contribuciones". Sobre el régimen económico de las confesiones religiosas en Chile *vid.* SALINAS ARANEDA, C., "El régimen patrimonial y fiscal de las confesiones y entidades religiosas en el Derecho del Estado en Chile", en DE LA HERA, A., IRASTORZA, D. (eds.), *La financiación de la libertad religiosa*, Madrid, 2002, pp. 93 y ss.

[92] *Vid.* los artículos del 13 al 16.

[93] *Vid.* artículo 9. Esto mismo sucede en la ley chilena y la principal consecuencia del reconocimiento de personalidad jurídica de derecho público es, como resume Navarro Floria, "que las personas jurídicas públicas no pueden ser extinguidas por decisión administrati-

La ley colombiana señala que la petición para el reconocimiento de la personalidad jurídica de las iglesias, confesiones y denominaciones religiosas, sus federaciones y, confederaciones y asociaciones de ministros que lo soliciten deberá "acompañarse de documentos fehacientes en los que conste su fundación o establecimiento en Colombia, así como su denominación y demás datos de identificación, los estatutos donde se señalen sus fines religiosos, régimen de funcionamiento, esquema de organización y órganos representativos con expresión de sus facultades y de sus requisitos para su valida designación"[94].

En cuanto a los derechos que se reconocen a las iglesias y confesiones religiosas con personalidad jurídica se establecen: la de crear y fomentar asociaciones, fundaciones e instituciones para la realización de sus fines con arreglo a las disposiciones del ordenamiento jurídico; adquirir, enajenar y administrar libremente los bienes muebles e inmuebles que consideren necesarios para la realización de sus actividades; de ser propietarias del patrimonio artístico y cultural que hayan creado, adquirido con sus recursos o esté bajo su posesión legítima, en la forma y con las garantías establecidas por el ordenamiento jurídico; la de solicitar y recibir donaciones financieras o de otra índole de personas naturales o jurídicas y organizar colectas entre sus fieles para el culto, la sustentación de sus ministros y otros fines propios de su misión y, la de tener garantizados sus derechos de honra y rectificación cuando ellas, su credo o sus ministros sean lesionados por informaciones calumniosas, agraviantes, tergiversadas o inexactas[95].

En lo que atañe a la personalidad jurídica de la Iglesia católica, en el artículo 11 se señala que el Estado le reconoce personalidad jurídica de derecho público eclesiástico, lo mismo que a las entidades erigidas o que se erijan conforme a lo establecido en el inciso 1° del artículo IV del Concordato de 1974[96]. Las personas jurídicas de derecho público eclesiástico de que

---

va, sino que se requiere una ley para que ello ocurra". NAVARRO FLORIA, J., *La libertad...*, p. 49.

[94] *Vid.* artículo 9.

[95] *Vid.* artículo 14.

[96] La sentencia C-088/94, de 3 de marzo, de la Corte Constitucional colombiana señala, en referencia a la personalidad jurídica de derecho público eclesiástico de la Iglesia católica, que "cuando el Concordato consagra que la Iglesia católica es persona jurídica de derecho público, lo hace como un mero reconocimiento a la calidad que tiene esta Iglesia en tanto es sujeto de Derecho Internacional Público. La Iglesia católica es, pues, la única Iglesia que tiene un derecho público eclesiástico, potestad que deriva de su propia naturaleza jurídica de derecho público internacional, reconocimiento que se hace en el artículo 11 del proyecto. Las demás iglesias o confesiones tienen derecho, por mandato de la

trata este artículo son entre otras, las siguientes: la Conferencia Episcopal de Colombia; la Conferencia de Superiores Mayores Religiosos; las diócesis y demás circunscripciones eclesiásticas que les sean asimilables a éstas en el Derecho Canónico como las arquidiócesis, el ordinariato castrense, las prelaturas, los vicariatos apostólicos, las prefecturas apostólicas y las abadías; los seminarios mayores, las parroquias; y las comunidades religiosas como los institutos religiosos, los institutos seculares y las sociedades de vida apostólica tanto de derecho pontificio como diocesano. A diferencia de la ley chilena, la Iglesia católica y sus entidades sí que deben inscribirse en el Registro de Entidades Religiosas y como se establece en el artículo 11 de la ley, se tendrá que notificar al Ministerio de Gobierno el respectivo decreto de erección o aprobación canónica.

La Ley Mexicana de Asociaciones Religiosas y Culto Público de 15 de julio de 1992[97] señala en su artículo primero que está fundada en el principio histórico de la separación del Estado y las Iglesias. Su Título segundo está dedicado a las asociaciones religiosas a las cuales se les reconoce per-

---

Constitución Nacional, a que se reconozca su personería como cualquier asociación de fines lícitos, y a que el Estado esté sujeto en relación con ellas, a las reglas sobre la plena igualdad que prescribe la Carta. El reconocimiento de la personería de Derecho Público a la Iglesia católica, es la aceptación de una realidad jurídica, histórica y cultural que el Estado no puede desconocer, y que, conforme a los fundamentos expuestos anteriormente, en relación con su naturaleza de persona jurídica de Derecho Público Eclesiástico, no incluye a las demás iglesias y confesiones...En efecto, como una derivación de su condición de sujeto de derecho público internacional, la Iglesia católica se ha organizado en su régimen interno mediante reglas que son clasificadas como de Derecho Público Eclesiástico". *Vid.* PRIETO MARTÍNEZ, V., "Iglesia católica y libertad religiosa en Colombia", en *La Libertad Religiosa. Memoria del IX Congreso Internacional de Derecho Canónico*, México, 1996, pp. 808-809. También sobre la personalidad jurídica de las confesiones en la Ley colombiana *vid.* MAYA BARROSO, D.E., "Relación entre Iglesia y Estado en Colombia", *Laicidad y Libertades. Escritos Jurídicos*, I, 2007, pp. 255 y ss.

[97] Existe numerosa bibliografía relativa a la Ley Mexicana de Asociaciones Religiosas y Culto Público, entre otros, *vid.* PACHECO ESCOBEDO, A., "Régimen jurídico de las asociaciones religiosas en el derecho mexicano", en VV.AA., *Estudios jurídicos en torno a la Ley de Asociaciones Religiosas y Culto Público*, México, 1994, pp. 71-93; "El Estado laico según la Ley de Asociaciones religiosas y Culto Público", en MEDINA GONZÁLEZ, Mª.C. (coord.), *Una puerta abierta a la libertad religiosa*, Secretaría de Gobernación, México, 2007, pp. 169 y ss.; MOCTEZUMA BARRAGÁN, J., "Balance de la Ley de Asociaciones Religiosas y Culto Público a diez años de su expedición", en *Foro Internacional sobre Libertad Religiosa*, México, 2003, pp. 7-35; GONZÁLEZ SCHMAL, R., "Crónica sumaria de un proceso legislativo. Ley de Asociaciones Religiosas y Culto Público", en MEDINA GONZÁLEZ, Mª.C. (coord.), *Una puerta abierta a la libertad...*, *op. cit.*, pp. 105 y ss., y CASTRO ESTRADA, A., *El Estado mexicano y la libertad religiosa. Doce años de nueva apertura*, en URL: www.libertadreligiosa.net

sonalidad jurídica una vez que se inscriban en el Registro de la Secretaría de Gobernación y se regirán, señala el artículo 6, "internamente por sus propios estatutos, los que contendrán las bases fundamentales de su doctrina o cuerpo de creencias religiosas y determinarán tanto a sus representantes como, en su caso, a los de las entidades y divisiones internas que a ellas pertenezcan". Las asociaciones religiosas pueden tener entidades o divisiones internas, cada una de las cuales puede gozar de personalidad jurídica[98]. De este modo, la Iglesia católica es una asociación religiosa y sus entidades operan con su propia personalidad "como se publicó en el Diario Oficial de 7 de diciembre de 1992, la «Iglesia Católica Apostólica Romana en México», la «Arquidiócesis Primada de México» y la «Conferencia del Episcopado Mexicano», solicitaron cada una por separado su registro constitutivo como «asociación religiosa», y el cual, posteriormente les fue otorgado a cada una de ellas"[99].

Entre los requisitos que se deben acreditar para el registro de una asociación religiosa podemos señalar: que la iglesia o agrupación religiosa se haya ocupado de la observancia, práctica, propagación o instrucción de una doctrina religiosa o de un cuerpo de creencias religiosas; que haya realizado actividades religiosas en la República Mexicana por un mínimo de cinco años y que cuente con notorio arraigo entre la población; que aporte bienes suficientes para cumplir con su objeto[100]. Desde luego los requisitos que se exigen deben analizarse ya que la exigencia de la aportación de bienes suficientes para cumplir con el objeto nos parece que va en contradicción de la propia libertad religiosa, al parecer que antepone lo material al fin religioso de una asociación. Por otro lado, si la ley no define que es el notorio arraigo, difícilmente se podrá entender la implantación de una asociación religiosa en el país, añadiéndose el dato curioso de la necesidad de un mínimo de cinco años realizando actividades religiosas.

Entre los derechos que se reconocen a las asociaciones religiosas se establecen: la posibilidad de identificarse mediante una denominación exclusiva; la libertad de organización en sus estructuras internas y formar y designar a sus ministros; realizar actos de culto público religioso siempre que no se contravenga el ordenamiento; participar en la constitución, administración, sostenimiento y funcionamiento de instituciones de asistencia privada, educativa e instituciones de salud siempre que no haya fin lucrativo y conforme a la

---

[98] *Vid.* párrafo segundo del artículo 6.
[99] GONZÁLEZ SCHMAL, R., *Derecho Eclesiástico Mexicano*, México, 1997, p. 267.
[100] *Vid.* artículo 7.

legislación de dichas materias y, usar para fines religiosos los bienes propiedad de la nación en los términos que establece el reglamento[101].

Nada señala la ley sobre el régimen fiscal de las asociaciones religiosas por lo que se les asimilará al régimen común establecido para las entidades sin ánimo de lucro. En cuanto al impuesto sobre adquisición de inmuebles, "el artículo 3 transitorio del Decreto del 14 de julio de 1992…dispuso que las asociaciones religiosas estarían exentas de pagar dicho impuesto por los inmuebles que adquieran en los seis meses siguientes a la fecha de haber obtenido su registro ante la Secretaría de Gobernación. La misma exención fiscal se otorgó respecto de los bienes que constituyan el patrimonio inicial de las entidades registradas como parte de una asociación religiosa"[102].

En materia específicamente de asociaciones en Ecuador está vigente la ley de Cultos de 21 de julio de 1937[103], si bien en enero de 2000 se ha aprobado un reglamento de la misma que establece el modo de solicitar la inscripción y sus requisitos[104]. Así, se exige que se trate de una entidad de carácter religioso y que la persona que sea el representante legal tenga nacionalidad ecuatoriana[105]. Si se trata de una entidad católica, el apartado primero del artículo 4 del reglamento establece que la certificación debe ser presentada por el Ordinario correspondiente a través de la Conferencia episcopal ecuatoriana. Si se trata de otra iglesia cristiana o de otra religión ya establecida en Ecuador con personalidad jurídica, el certificado debe entregarlo la autoridad de esa iglesia. En el caso de que sea una entidad de una Iglesia cristiana u otra religión que no tenga personalidad jurídica en el Ecuador, deberá probar su carácter religioso mediante la presentación de documentos que sean apreciados por tres peritos designados por el Ministro Secretario de Estado de Gobierno, Policía, Justicia, Culto y Municipalidades[106]. El reglamento ecuatoriano establece que la personalidad jurídica de

---

[101] *Vid.* artículo 9. El Reglamento de la ley de Asociaciones Religiosas y Culto Público es de 6 de noviembre de 2003. Sobre el Reglamento, *vid.* PATIÑO REYES, A., "El nuevo reglamento de la ley de asociaciones religiosas y culto público de México", *Revista General de Derecho Canónico y Derecho Eclesiástico del Estado*, **5,** 2004, en URL: www.iustel.com

[102] GONZÁLEZ SCHMAL, R., *Derecho Eclesiástico…, op.cit.*, p. 275.

[103] Decreto Supremo 212, R.O. 547, de 23 de julio de 1937.

[104] Reglamento de Cultos Religiosos publicado en el Registro Oficial núm. 361, de 20 de enero de 2000.

[105] Esto mismo lo señala el artículo 2 de la Ley de 1937.

[106] *Vid.* CASTILLO ILLINGWORTH, S., en DE LA HERA, A., MARTÍNEZ DE CODES, R.Mª. (coords.), *Foro Iberoamericano sobre Libertad…, op.cit.,* p. 128.

las entidades religiosas es de derecho privado[107] y prevé la cancelación de la personalidad jurídica por resolución administrativa[108].

En Argentina, la Ley 21745 de 1978 crea el Registro Nacional de Cultos y establece el sistema de registro obligatorio excepto para la Iglesia católica[109]. Ésta, como ya señalamos, tiene un reconocimiento constitucional y además el Código civil argentino le reconoce como persona de carácter público del que participan el Estado nacional, las provincias y los municipios y las entidades autárquicas[110].

Las entidades religiosas, en Argentina, se consideran personas jurídicas de carácter privado y una vez inscritas en el Registro Nacional tienen la facultad de tramitar el reconocimiento como persona jurídica y como entidad de bien público. Los requisitos formales que deberán cumplir para poder existir legalmente se regulan en el Decreto reglamentario de 1979, el cual pide que se muestre el nombre, domicilio, doctrina, forma de designación de las autoridades religiosas y formas de gobierno.

El resto de países latinoamericanos no poseen leyes específicas de libertad religiosa o de asociaciones. En general, las asociaciones religiosas están sujetas al derecho común y tienen en algunos casos distintos tipos de financiación una vez que adquieren personalidad jurídica.

---

[107] *Vid.* artículo 22.

[108] *Vid.* artículo 29.

[109] El Anteproyecto 2005 de Ley de Registro de Organizaciones Religiosas, preparado por la Secretaría de culto, derogaría la Ley 21745, sus normas reglamentarias y complementarias y el Registro Nacional de Culto por ella creado. Sobre este Anteproyecto de Ley, vid. NAVARRO FLORIA, J.G., *El Anteproyecto 2005 de Ley de registro de organizaciones religiosas*, en URL: www.calir.org.ar

[110] *Vid.* artículo 33. En 1995 se aprobó la Ley 24.483 que rige la vida civil de los institutos de vida consagrada y sociedades de vida apostólica pertenecientes a la Iglesia católica y se les reconoce su personalidad jurídica canónica. Solamente deben registrarse e inscribir sus estatutos y autoridades en un registro especial sito en la Secretaría de Culto.

CAPÍTULO 5

ENFOQUE *RELIGIO EX MACHINA*: AVANCE DE UNA NUEVA VISIÓN

La expresión *religio ex machina* [por obra de la religión], es un homenaje al ardid de las tragedias griegas clásicas (*deus ex machina*), en las que llegado la apoteosis de los conflictos, bajaba Zeus y lo solucionaba todo. Así se pretende hoy que acontezca con la religión. Ahora bien, la pregunta sería, ¿qué religión? El cultismo religión sencillamente alude a una estrecha e íntima relación con algo o alguien. Históricamente en Europa, debido al peso de la antropología judeocristiana, la ligazón ha sido con la divinidad y con la comunidad; sin embargo, ya en América la cosa empieza a diferir: primero, por el reconocimiento de los sincretismos (pues los jesuitas fueron más flexibles que el Santo Oficio) y, posteriormente, por el florecimiento de las antropologías subyacentes, marginadas hasta el s. XX, cuya incorporación a la vida pública ha sido a través de dos vías: (a) rehabilitación compensatoria de las religiones ancestrales (como las instituciones consuetudinarias indígenas), bajo un discurso multicultural de reconocimiento y protección de la riqueza cultural autóctona; y (b) fomento subversivo de revitalizaciones religiosas reivindicativas (instituciones especiales indigenistas) para desplazar la hegemonía de la antropología judeocristiana.

En definitiva, con este apartado se pretende llamar la atención acerca del despertar religioso de las Américas, y para cuya comprensión es necesario superar ciertos axiomas del Derecho Eclesiástico europeo, atendiendo mejor al empirismo ofrecido por la Antropología y Sociología Jurídica.

5.1. ¿CÓMO SE ARMONIZA EL DERECHO OCCIDENTAL Y LA CUESTIÓN INDÍGENA?

Cuando se emplea el rótulo "Derecho Occidental", en rigor, éste resulta redundante —pues el Derecho es fruto cultural de Occidente—. Ahora bien, si se hace es para poner de manifiesto el énfasis del Derecho positivo y el imperio de la ley, frente al Ordenamiento indígena y sus instituciones (tanto ancestrales como especiales)[1].

---

[1] Según esta afirmación, y de acuerdo con el Derecho occidental o positivo sobre la regulación acerca de la libertad y autonomía religiosa —de manera más empírica de lo expuesto hasta ahora (*tests y rankings*)—, cabe distinguir entre los siguientes bloques de países: (a) Países con un modelo de aconfesionalidad o separación distancionista —de acuerdo a las propuestas europeo-continentales heredadas, no respecto de las sincréticas americanas—: (1) Aquellos que proclaman la libertad de culto, pero restringen la personalidad jurídica de las confesiones —o promueven a sus competidores, como las asociaciones civiles— y prevén cierta supervisión de actuaciones: latinoamericanos (e.g. Cuba —desde la década de 1960—, México —hasta 1991—, Bolivia y Ecuador —desde la década de 2000—, etc.); angloamericanos (e.g. Guayana, EE.UU —Administraciones Roosevelt y Clinton—). (2) Aquellos que proclaman la libertad de culto pero exigen alguna práctica de reconocimiento a las confesiones —si desean un *status* especial— (e.g., inscripción en registro público): latinoamericanos (e.g., Brasil, Haití, Chile, etc.); angloamericanos (e.g., EE.UU., Canadá —siendo un tema abierto desde 1982—). (b) Países con un modelo de aconfesionalidad o separación cooperacionista: (1) Aquellos que proclaman la libertad religiosa pero con preferencialismo confesional (e.g., vía declaración expresa, existencia de acuerdo, etc.): latinoamericanos —preferencialismo católico— (e.g., Uruguay, Costa Rica, República Dominicana, Honduras, etc.); angloamericanos —preferencialismo evangélico— (e.g., Belice, Trinidad y Tobago, Jamaica, etc.). (2) Aquellos que proclaman la libertad religiosa pero con vestigios de confesionalismos pasados —aunque hoy en día tengan un significado completamente secular— (e.g., vía pronunciamientos, juramentos, tendencia de políticas públicas, etc.): latinoamericanos (e.g., Argentina, Chile, Colombia, etc.); angloamericanos (e.g., EE.UU. —si se atiende a su religión civil—). Pues bien, dicha catalogación sirve bajo los presupuestos más o menos ortodoxos del Derecho Eclesiástico del Estado, pero así no se termina de aterrizar en el análisis prospectivo de la realidad social de las Américas, lo que exigiría entrar a conocer, entre otras cuestiones las instituciones que vertebran el Ordenamiento indígena y su relación con el Derecho occidental. *Vid.* AGUDEZ, A., et al., *Régimen legal básico de los países iberoamericanos*, Madrid, 1986; LÓPEZ, L., AGUILAR, L. (eds.), *Las Constituciones de Iberoamérica*, Madrid, 1992; MAESTRE, J., *Constituciones y Leyes Políticas de América Latina, Filipinas y Guinea Ecuatorial* (tomo I, vols. 1 y 2, y tomo II, vol. 1), Madrid, 1989; SÁNCHEZ-BAYÓN, A., *La Modernidad sin prejuicios, op. cit.*; SOBERANES, J.L. (edit.), *El primer constitucionalismo iberoamericano*, Madrid, 1992; QUIROGA, H., *Las Constituciones Latinoamericanas. Estudio Preliminar*, México DF, 1994. En cuanto al desarrollo de políticas públicas, *vid.* DA COSTA, N. (org.), *Laicidad en América Latina y Europa. Repensando lo religioso entre lo público y lo privado en el siglo XXI*, Montevideo, 2006; DENT, D.W., *Handbook of Political Science Research on Latin America*, N.Y., 1990; NUDELMAN, R., *Diccionario*

Otra precisión requerida y señalada en el título del epígrafe es la relativa a la cuestión indígena. Ésta puede delimitarse a través del análisis de naturaleza jurídica, por el que se identifican los sujetos, el objeto y los contenidos de la regulación, y sus relaciones jurídicas afectadas. En cuanto a los sujetos de derecho, o sea, los destinatarios de la regulación occidental y productores de la ordenación consuetudinaria y especial, estos son los pueblos indios de las Américas, amerindios y/o sencillamente, como se viene refiriendo hasta ahora, indoamericanos —las expresiones indígena e indigenista resultan neologismos político-jurídicos a tomar con cautela—. Cuando se habla de los indoamericanos, se señala así a una diversidad de pueblos de origen precolombino que han seguido manteniendo una fuerte vinculación con sus tradiciones, sus comunidades y sus tierras. Luego, su tratamiento jurídico no puede ser el de "minoría", pues esa es una categoría europeo-continental de finales s. XIX, distinta de las coordenadas espacio-temporales de las Américas. Además, tampoco se puede hacer alusión a los indoamericanos como meras "poblaciones", en términos demográficos y estadísticos, sino que resultan auténticos sujetos jurídicos, y por tanto, amparados por el derecho de libre determinación reconocido en los textos internacionales de Derechos Humanos. En cuanto a las tradiciones, comunidades y territorios de estos sujetos de derecho, dichas consideraciones son temas clave al examinar el objeto y contenidos jurídicos de la cuestión indígena, a lo largo de las páginas siguientes.

5.1.1. Derecho Internacional y la cuestión indígena

Existe una larga tradición de regulación occidental que ha versado sobre los indoamericanos, pero que no les ha tenido realmente en cuenta para su formulación e implementación –luego quedaría en entre dicho su naturaleza pacticia—: desde la paternalista regulación sobre *indis* de la Escuela de Salamanca en el s. XVI, que con mayor o menor fortuna ha pervivido hasta nuestros días en el ámbito latinoamericano —con políticas públicas de preservación de la riqueza cultural, pero sin ánimo de promover una auténtica autoderminación de los indoamericanos—[2]; hasta la regulación dominalista de la Escuela Iusracionalista anglosajona en el s. XVII, la cual pareció corre-

---

de *política latinoamericana contemporánea*, México D.F., 2007; VV.AA., *A political chronology of the Americas*, London, 2001.

[2] Legislación reseñable, en la línea de reconocimiento de bio-diversidad cultural acerca de la cuestión indígena: Venezuela 1904; Panamá 1928 y 1953; Perú 1920 y 1933; México 1917; Guatemala 1945; Chile 1972 y 1979; Brasil 1973; Paraguay 1981; etc.

girse en el s. XIX, con los acuerdos impuestos a las naciones indias —reconociéndolas como el cuarto poder (entre el Federal y los Estatales/Regionales)—[3], permaneciendo obviados y sin desarrollo legislativo y reglamentario hasta la década de 1970 en los EE.UU.[4], y de 1980 en Canadá[5]. Ade-

---

[3] Reconocimiento muy peculiar, pues tras conducir casi a su exterminio a las naciones indias subsistentes, se les obsequia con cierta autoridad y autonomía, pero dentro de unas reservas. Acerca del reconocimiento jurídico de la religión india, STOKES, A.P., *Church and State in the United States* (vol. I), New York, 1950, pp. 702 y ss.; NOLL, M.A., *A History of Christianity in the United States and Canada*, Grand Rapids, 1992, p. 73. Sobre el reconocimiento identitario indio y su modelo socio-cultural, KAPPLER, C.J. (comp.), *Indian Treaties, 1778-1883*, New York, 1973; LEMARCHAND, P. (dir.), *Atlas de Estados Unidos. Las paradojas del poder*, Madrid, 1999; VV.AA., *American State Papers. Indians Affairs* (vol. 1), Washington D.C., 1832; WILKINS, D.E.:,*American Indian Sovereignty and the U.S. Supreme Court. The Masking of Justice*, Austin, 1997. Complementariamente, *vid. Kappler Project: Indian Affairs. Law & Treaties-Oklahoma State University* (URL: http://digital.library.okstate.edu/kappler/index.htm).

[4] Históricamente, las fuentes jurídicas existentes en los EE.UU han sido: (a) Derecho Constitucional: art. I de la Constitución, Enmienda Catorce, Tratados ratificados (*Kappler's Project*), Constituciones indias (Constitución y autorregulación de la *Tribu Ely Shoshone* de Nevada, Constitución de la *Nación Cherokee* de Oklahoma, Constitución de la *Nación Choctaw* de Oklahoma, Constitución de *Tribu Tradicional de Kickapoo* de Texas, etc.); (b) Código Federal (*U.S. Code*): 18 U.S.C. - Capítulo 53. Derecho penal sobre indios, 25 U.S.C. - Derecho civil sobre indios, 28 U.S.C. - Jurisdicción de Tribunales Federales para casos sobre tribus indias, 42 U.S.C. - Capítulo 22 - Prestaciones de salud y hospitalarias para indios, etc.; c) Derecho Judicial (*Cases Law*): peticiones sobre interpretación de tratados y contratos, subvenciones y devoluciones de impuestos, vacunaciones, etc. *Vid. U.S. Government Printing Office*-GPO (U.S. Code) / American Memory-Library of the Congress (URL: http://memory.loc.gov/ammem/amlaw/lawhome.html). *Archives Library Information Center* - ALIC (URL: http://www.archives.gov/research/alic/). *Kappler Project: Indian Affairs. Law & Treaties-Oklahoma State University* (URL: http://digital.library.okstate.edu/kappler/index.htm). En la actualidad, la revitalización regulatoria ha constado de: a) legislación orgánica (*Indian Civil Rights Act of 1968* [Ley de Derechos Civiles de los Indios de 1968]; *American Indian Religious Freedom Act of 1978* [Ley de libertad religiosa de los indios estadounidenses de 1978]; *American Indian, Alaska Native, and Native Hawaiian Culture and Art Development Act of 1986* [Ley de promoción de la cultura y el arte de los indios estadounidenses, los (indios) nativos de Alaska y Hawai de 1986]; *Native American Grave Protection and Repatriation Act of 1990* [Ley de repatriación y protección especial de (indios) nativos estadounidenses de 1990]; *American Indian Religious Freedom Act Amendments of 1994* [Enmiendas de la Ley de libertad religiosa de los indios estadounidenses de 1994 (6 de octubre)]; *American Indian Trust Fund Management Reform Act of 1994* [Ley de reforma de la gestión de los fondos de los indios estadounidenses de 1994 (25 de octubre)]; b) legislación ordinaria (*Native American Sacred Lands Act of 2002* [Ley de las tierras sagradas de los (indios) nativos estadounidenses de 2002]); c) decretos y ordenes presidenciales (*President Clinton's executive order on Native American Sacred Sites of 1996* [Decreto sobre lugares sagrados de (indios) nativos estadounidenses de 1996]); d) sentencias: discriminación racial matrimo-

más, tal desarrollo se produce a consecuencia del impulso habido en el Derecho Internacional de posguerra[6], aprovechándose la tendencia favorable a reconocer los procesos de descolonización, la cuestión indígena regresa a las mesas de negociación social, amparada por interpretaciones extensivas de los derechos humanos.

Por tanto, la regulación internacional moderna sobre la cuestión indígena proviene de diversas organizaciones, tanto mundiales como la ONU, sectoriales como la OIT y el Banco Mundial, o regionales como la OEA[7].

---

nial (Loving *vs*. Virginia, 388 U.S. 1 (1967)); reconocimiento de autorregulación y jurisdicción propia (United States v. John, 437 U.S. 634 (1978); United States v. Clarke, 445 U.S. 253 (1980); Alaska *vs*. Native Village of Venetie Tribal Government, 522 U.S. 520 (1998)); celebraciones religiosas (Employment Division *vs*. Smith, 494 U.S. 872 (1990)); otros casos (United States *vs*. Southern Ute Idians, 402 U.S. 159 (1971); United States *vs*. Sioux Nation of Indians, 448 U.S. 371 (1980)).

[5] Es necesario esperar a finales de la década de 1980 para encontrar un progresivo desarrollo reglamentario, y de políticas públicas acordes, del contenido del art. 35, secc. 3 de la Ley (de repatriación) Constitucional Canadiense de 1982 —con las enmiendas de 1982-87—, donde se prevé: *(1) Los derechos existentes —ancestrales o derivados de los tratados— de los pueblos autóctonos de Canadá son reconocidos y confirmados. (2) Bajo la presente ley por pueblos autóctonos de Canadá se entienden particularmente los Indiens (indios), los Inuit (esquimales) y los Métis (mestizos) de Canadá* —traducción propia adaptada—.

[6] Aunque hubo cierta observación de la cuestión en el art. 22 de la Carta constitutiva de la Sociedad de Naciones, y alguna revolución sectorial de organizaciones aún no consolidadas (e.g., OIT, Banco Mundial, etc.).

[7] En el ámbito universal son de destacar los siguientes textos jurídicos (y algunos de sus preceptos en especial): Carta de la ONU de 1945 (arts. 2 y 73); Declaración Universal de Derechos Humanos de 1948; Convención contra el Genocidio de 1948; Declaración sobre la Concesión de la Independencia a los países y pueblos coloniales de 1960 (Res. 1514 XV, 1541 XV, 2625 XXV); Convención contra la Discriminación Racial de 1965; Pacto Internacional de Derechos Políticos y Civiles (arts. 1, 8, 9, 26, 27); Pacto Internacional de Derechos Económicos y Sociales de 1966 (art. 1); Convención sobre los Derechos del Niño de 1989; Declaración sobre Derechos de Personas pertenecientes a Minorías Nacionales o Étnicas, Religiosas o Lingüísticas de 1992; Declaración y Programa de Acción de Durban de 2001; Declaración sobre los Derechos de los Pueblos Indígenas de 2007 —que por cierto, ha estado en trámites de debate desde 1985-93, y al aprobarse, obtuvo 143 votos a favor y 4 en contra (Australia, Canadá, Nueva Zelanda y los EE.UU.)—. Las instituciones y acciones de la ONU (entre las décadas de 1980-00), con mayor repercusión han sido: Relatoría especial (Subcomisión sobre Prevención de la Discriminación y la Protección de las Minorías 1980 / Comisión Derechos Humanos 2001); Grupo de Trabajo (Comisión de Derechos Humanos); Caucus Indígena (países comprometidos); Foro Permanente sobre Asuntos Indios (Consejo Económico y Social); Decenio Internacional de las Poblaciones Indígenas del Mundo 1995-04; Programa de Acción de Durban 2001. En el ámbito sectorial destacan: (a) Organización Internacional del Trabajo (OIT), con su Convenio nº 107 relativo a la protección e integración de las poblaciones indígenas y de otras

Todas ellas han tenido vocación de dar cobertura específica a la cuestión indígena, como fórmula de compensación por la marginación centenaria. Ahora bien, como dicho proceso ha sido largo —aún falto de consolidación efectiva—, mientras se han seguido estrategias paralelas, de denuncia por las relatorías y de constructivismo por los tribunales, reconduciendo la protección de la cuestión indígena a la garantía existente del derecho a la libertad religiosa: [para los indoamericanos] su forma de vida y relacional con el medio es sagrada, por lo que hasta el reconocimiento efectivo de los derechos colectivos económicos, sociales y culturales sea una realidad, pueden presentar las peticiones o denuncias de las vulneraciones de estos derechos a través del amparo del artículo 12, sobre la libertad de conciencia y religión[8].

El problema más dañino, jurídicamente hablando, es el del avance de una interpretación tan voluntarista del Derecho, causante de una progresiva inseguridad —pese a las posibles buenas intenciones originales—. De ahí que se abogue por una estrategia más respetuosa con las reglas del Derecho e igualmente efectiva, como es el holismo iushumanista: todas las Cortes que conocen sobre violaciones de derechos humanos coinciden en una doctrina por la que los derechos humanos deben considerarse como un todo interconectado, por lo que es posible reconducir la cuestión indígena o la protección que ofrece el derecho a la libertad religiosa, como complemento de

---

poblaciones tribales o semitribales en los países independientes 1957; Convenio núm. 169 sobre pueblos indígenas y tribales en los Estados independientes 1987; (b) Banco Mundial y su Directiva operacional 4.20 sobre efectos del desarrollo industrial en áreas tradicionalmente ocupadas por grupos indígenas 1991. En el ámbito regional (OEA y su SIDH): Carta de la Organización de Estados Americanos 1948-51 (arts. 3 y 100); Declaración Americana de Derechos y Deberes del Hombre 1948 (arts. 2, 3, 4, 22); Carta Internacional Americana de Garantías Sociales 1948 (artículos 14, 39); Pacto de San José o Convención Americana de Derechos Humanos 1969 (arts. 1, 12, 13, 16, 22, 27); Convención Interamericana sobre Extradición 1981 (art. 4); Convención para Erradicar la Violencia contra la Mujer 1994 (art. 4); Proyecto de Declaración Americana sobre los Derechos de los Pueblos Indígenas 1997 (arts. 10, 14, 15); Convención Interamericana sobre Obligaciones Alimentarias 1999 (art. 4); Declaración de Principios sobre Libertad de Expresión 2000 (principio 2); Convención Interamericana contra el Terrorismo 2000 (art. 14); Declaración de Lima o Carta Democrática 2001 (artículo 9); etc. Entre sus instituciones son de reseñar: Relatorías de la Comisión sobre Libertad de Expresión (1980-00's) y sobre Derechos de los Pueblos Indígenas (2000's) y el Instituto Interamericano de Derechos Humanos (1980-00's).

[8] Palabras del brillante y carismático Magistrado Antônio A. Cançado Trindade. *Vid.* Sesiones del XXII Curso Interdisciplinario en Derechos Humanos del *Instituto Interamericano de Derechos Humanos*: "Derechos económicos, sociales y culturales", celebrado del 16 al 27 de agosto de 2004, en San José de Costa Rica.

otros preceptos generales previos, así como la cita de los específicos por consolidar[9].

5.1.2. Tradicionales constitucionales y la cuestión indígena

Ahondando en lo dicho hasta ahora sobre las estrategias de tratamiento de la cuestión indígena por parte del Derecho Occidental, cabe reseñarse que ha sido considerable el número de los países (especialmente en Latinoamérica), que desde la década de 1970 han elevado a rango constitucional los derechos, tanto individuales como colectivos, de los pueblos y de las personas indoamericanas, comprometiéndose los poderes públicos a reconocer y proteger la diversidad étnica cultural, entre otros: (a) Panamá 1972 (arts. 119, 122 y 123); (b) Ecuador 1978, 1992 (revisada en 1998, arts. 83 y 85) y 2008 (muy impregnada); (c) Canadá 1982 (arts. 35 y 25 de la Carta de Derechos); (d) Guatemala 1985 (arts. 5, 8, 66-70 y 166); (e) Nicaragua 1987 (arts. 8, 11, 89-91 y 180); (f) Brasil 1988 (arts. 231 y 232); (g) Colombia 1991, revisada en 1995 (arts. 246, 248, 286, 329, 330 y 357); h) Paraguay 1992 (arts. 62 y 67); etc. Los giros constitucionales favorables a la cuestión indígena se hacen más palpables en los casos venezolano y boliviano, pasándose de un par de preceptos en las respectivas Constituciones de 1961 (arts. 51, 57 y 77) y 1967 (art. 171), a una total impregnación y pro-indigenismo en las Constituciones de 1999 y 2009.

---

[9] Por ejemplo —ya que se ha citado el caso del Magistrado Cançado—, en el SIDH supondría alegar como fundamentos de derecho de la cuestión indígena los preceptos 1, 12, 13, 16, 22 y 27 del Pacto de San José de 1969; complementariamente y para reforzar la calificación jurídica, cabría matizar convenientemente —*in dubio pro indi*, como parte débil—, mediante la Declaración sobre pueblos indígenas y demás textos alusivos —en mayor o menor—, como la Carta de la OEA 1948 (arts. 3 y 100); Declaración Americana de Derechos y Deberes del Hombre 1948 (arts. 2, 3, 4, 22); Carta Internacional Americana de Garantías Sociales 1948 (arts. 14, 39); Pacto de San José de 1969 (arts. 1, 12, 13, 16, 22, 27); Convención Interamericana sobre Extradición 1981 (art. 4); Convención para Erradicar la Violencia contra la Mujer 1994 (art. 4); Proyecto de Declaración Americana sobre los Derechos de los Pueblos Indígenas 1997 (arts. 10, 14, 15); Convención Interamericana sobre Obligaciones Alimentarias 1999 (art. 4); Declaración de Principios sobre Libertad de Expresión 2000 (ppio. 2); Convención Interamericana contra el Terrorismo 2000 (art. 14); Declaración de Lima o Carta Democrática 2001 (art. 9).

5.2. ¿EN QUÉ CONSISTE EL ORDENAMIENTO INDÍGENA Y CUÁLES SON SUS INSTITUCIONES?

Ya se ha aclarado porqué no se habla de Derecho indígena sino de Ordenamiento, constituido de instituciones tanto ancestrales como especiales, pero ¿cuál es la justificación del empleo del término institución? Nuevamente la explicación radica en el sincretismo de las Américas, propiciador de un *utrumque ius*, donde no se da una predilección por la ley, como sí pasa en la Europa continental posterior al proceso de codificación decimonónico, sino que en el Nuevo Mundo las vías de socialización coactiva han sido más diversas en sus fuentes, así como más elásticas y flexibles en sus contenidos y procedimientos —como requisitos para la armonización—. Es por ello que resulta preferible recurrir al concepto jurídico genérico de "institución", pues no se abstrae tanto, sino que remite constantemente a las prácticas de la realidad social a ordenar.

La siguiente pregunta es, en consecuencia, ¿en qué consisten los dos tipos de instituciones que componen el Ordenamiento indígena? De un lado, están las instituciones ancestrales, recuperadas y revitalizadas gracias a los movimientos de indigenismo multicultural que pretende el reconocimiento específico y eficaz de la cuestión indígena, así como la tendencia hacia la autodeterminación. Del otro lado, están las instituciones especiales promovidas por movimientos indigenistas, una suerte de corrientes milenaristas con elementos neomarxistas que pretenden el acceso al poder para construir su propio orden comunitario. En definitiva, ambos tipos de instituciones son expresiones de un dispar sincretismo, pues las instituciones ancestrales se han recuperado de forma folclórica y rellenando anacrónicamente sus lagunas; mientras, las instituciones especiales son de generación *ex novo*, aunque se recurre a neologismos y/o analogías para legitimarlas[10].

No es de extrañar (por motivo del constructivismo jurídico ya mencionado)[11], entonces, que allí donde los movimientos indigenistas se conso-

---

[10] Ejemplos de las mismas, que afectan a las costumbres y tierras, son las instituciones de producción como: la minka, el tequio, el ortigazo, etc. El siguiente paso es su manipulación discursiva basada en la justicia comunitaria, que fundamenta diversas estrategias de acceso al poder.

[11] Los riesgos que comporta el constructivismo jurídico son: la selección de ciertos elementos interesados de la realidad, descontextualizándolos y modificándolos discursivamente, pasando a esgrimirlos con el fin de exigir el cambio jurídico; otra estrategia es la ya vista, basada en la tergiversación del sentido del Derecho actual para que exprese el sentir propio.

liden como grupos de presión, se exija un mayor distanciamiento de los poderes públicos respecto de las confesiones tradicionales, a la vez que se nacionaliza la religión indígena[12]

5.3. ¿CUÁLES SON LOS RETOS PENDIENTES?

Hasta ahora, por razones de hegemonía antropológica, los judeocristianos han venido recibiendo una mayor y mejor atención por parte de los poderes públicos, siéndoles más fácil a sus confesiones religiosas lograr el registro público y la obtención de ventajas jurídicas diversas como exenciones fiscales, beneficios patrimoniales, prioridad para el acceso a fondos públicos y la prestación de asistencia religiosa en lugares públicos, etc. Entre dichas prerrogativas, consta la de admisión prácticamente automática de sus rituales y símbolos. Para evidenciar esta denuncia de preferencialismo, sírvase a analizar críticamente un par de supuestos ilustrativos:

- *El caso del peyote*: ¿una droga o un elemento religioso? Tanto el peyote como el vino son drogas, la diferencia es su imbricación cultural. Para los descendientes de europeos, el vino posee una larga tradición y no les ha resultado alarmante su uso en ceremonias religiosas (e.g., los católicos en la consagración), incluso, ha sido admitido para el consumo ordinario por cualquiera, especialmente en celebraciones. No ha sido igual con el peyote, cuya radicación estaba en la cultura indoamericana, por lo que ha carecido de reconocimiento hasta que no lo han tenido primero los propios indoamericanos. Ha sido necesario esperar hasta la reciente ola normativa sobre la materia para poder vislumbrar cierta claridad al respecto. Por ejemplo, durante la década de 1970 en los EE.UU., los indoamericanos empezaron a ser reconocidos, incluso, culturalmente, por lo que se hace inevitable abordar la cuestión del consumo de peyote. Aunque llega a ser necesario esperar hasta los 1990, que es cuando se reconoce a dicha droga un uso ceremonial, aunque sólo para los indoamericanos en sus ceremonias —*ergo*, para la cultura dominante sigue siendo considerada una droga ajena y sin reconocimiento de consumo habitual aceptado—.

---

[12] Como el caso de la nueva Constitución de Bolivia (2009), donde se propugna un Estado indigenista independiente de la religión tradicional, pero asumiendo la cultura y la espiritualidad indígena.

- *La guerra del pollo*[13]. Aquí subyace, igualmente, una problemática de contextualización cultural. A raíz de la secularización del judeocristianismo, los sacrificios han ido transformándose en fórmulas metafóricas, por lo que su reaparición con los sincretismos (e.g., sacrificios animales), deja de manifiesto los prejuicios sociales y la violencia simbólica existente. Como ilustración –casi caricaturesca-, preguntémonos por qué para la cultura estadounidense el hecho de encontrar a una persona en su patio trasero matando un animal para una barbacoa es lícito, mientras que si es para un ritual religioso resulta constitutivo de delito.

Se podría seguir estudiando casos en la misma línea, pero con la información ya expuesta, extraer el primer reto a resolver: la excesiva hegemonía antropológica judeocristiana en las Américas y el acarreamiento del comprensible malestar por parte del resto de antropologías existentes. Estas últimas, para sobrevivir, no sólo han tenido que recurrir al sincretismo sino que además han sufrido la discriminación de trato por parte de las Administraciones, más la judicialización promovida por las confesiones dominantes.

El segundo reto que se presenta es la contrarreacción pujante desde la década de 1990: el indigenismo neomarxista. Como ya se ha dicho, el malestar vivido ha provocado el efecto pendular. El problema es que hoy parece que se habla de la cuestión indígena, pero no se entra realmente en la materia, ni se atiende a las auténticas necesidades de los indoamericanos, sino que se instrumentaliza la cuestión para legitimar proyectos mesiánicos. Por ejemplo, compárense las campañas presidenciales y gobiernos de Benito Pablo Juárez García, Presidente mexicano de origen zapoteca (en varias ocasiones: 1858 y 1872), frente a Juan Evo Morales Ayma, Presidente boliviano de origen

---

[13] La denominada "Chicken War" tuvo lugar a principios de la década de 1990 en la ciudad de Hialeah (Florida), por presión de grupos judeocristianos, así como de asociaciones defensoras de los derechos de los animales, al denunciar los sacrificios de aves en ceremonias religiosas. Los demandantes lograron que se aprobara una serie de ordenanzas municipales, prohibiéndose los rituales religiosos en los que se mataran o mutilasen animales. En la actualidad, la cuestión sigue en los tribunales para que se dirima a quién ampara realmente la libertad religiosa: a) las confesiones que practican la Santería y las Religiones Afro-Caribeñas —defendiendo su derecho religioso a realizar sacrificios animales—, b) las confesiones judeocristianas, además de las asociaciones defensoras de los animales —opuestas a dichos rituales—. *Vid.* MAZUR, E., *The Americanization of Religious Minorities. Confronting the Constitutional Order*, Baltimore, 1990 y SÁNCHEZ-BAYÓN, A., *La Modernidad sin prejuicios…, op. cit.*

aymara (desde 2006) —y ni que decir tiene de las tomas de posesión—[14]: ¿no levanta sospechas la urgencia de exhibir la condición indígena, antes que los criterios de gestión, para legitimar las políticas públicas que se pretenden? Otro buen ejemplo es el de Hugo Chávez (presidente de Venezuela), que sólo recurrió a la legitimidad indígena, cuando empezaron a fallarle el resto de argumentos de rendimientos e institucionales (como la pérdida del primer referendo). Igualmente cabría sospechar del uso alternativo del Derecho por Rafael Correa en Ecuador, adoptando nombres indígenas para sus políticas públicas al mismo tiempo que bajo su Administración tienen lugar las represiones amazónicas (como la del verano de 2007). Todos estos son ilustraciones posmodernas de *Hunab Ku*, o síndrome de aspiración a ser reconocido como Dios, proporcionador del nuevo orden. Sin embargo, ¿qué pasará cuando el nuevo sistema esté creado?

Como se ha podido apreciar, el análisis de los cambios sociales en las Américas responden a una lógica diferente a la europea-continental, por lo que para entender correctamente cómo opera el factor religioso, y como se regula el mismo por los poderes públicos, resulta imprescindible, no tanto poseer un tipo ideal de modelo relacional iglesia-Estado, sino proceder al estudio analítico y sistémico de las experiencias acaecidas.

---

[14] Toma de posesión de Evo Morales en Bolivia (por el diario Los Tiempos de Cochabamba, 20-06-06): "Evo Morales asumió el poder político con espectacular despliegue de rituales religiosos alusivos a la Pachamama (Madre Tierra), el Dios Inti, las Achachilas y a todas esas deidades de la religión natural vigente en los tiempos del Collasuyo. (…) Honrar a la tierra o Pachamama, para que dé frutos; al sol y a las altas montañas a fin de que con sus rayos y riachuelos, respectivamente, fertilicen a tan querida y venerada Diosa (…) El Palacio de Gobierno de La Paz fue escenario de ceremonias con rituales religiosos andinos donde los actores más parecían "Callahuayas" o sacerdotes aimaras que Dignatarios de Estado. Un gobierno, el de Evo Morales, pegado a la religión natural andina pero con goma de sincretismo. Un día encabezaba "milluchadas" a la Pachamama y otro a los santos en los templos católicos".

ANEXO
TEXTOS JURÍDICOS DE DERECHO ECLESIÁSTICO

A.1. REGULACIÓN CONSTITUCIONAL[1]

CONSTITUCIÓN DE LA REPÚBLICA ARGENTINA[*]

ART. 2. El Gobierno federal sostiene el culto católico apostólico romano.

ART. 14. Todos los habitantes de la nación gozan de los siguientes derechos conforme a las leyes que reglamenten su ejercicio...de profesar libremente su culto...

ART. 16. La nación Argentina no admite prerrogativas de sangre, ni de nacimiento: no hay en ella fueros personales ni títulos de nobleza. Todos sus habitantes son iguales ante la ley, y admisibles en los empleos sin otra condición que la idoneidad. La igualdad es la base del impuesto y de las cargas públicas.

ART. 19. Las acciones privadas de los hombres que de ningún modo ofendan al orden y a la moral pública, ni perjudiquen a un tercero, están sólo reservadas a Dios, y exentas de la autoridad de los magistrados. Ningún habitante de la Nación será obligado a hacer lo que no manda la ley, ni privado de lo que ella no prohíbe.

---

[1] Se han utilizado como fuentes las bases de datos oficiales (de los diversos gobiernos y alguna universidad local), así como las obras de LÓPEZ, L., AGUILAR, I. (eds.), *Las constituciones de Iberoamérica, op.cit.*, QUIROGA, H., *Las constituciones latinoamericanas..., op. cit.* y la obra de VEGA GUTIÉRREZ, A. Mª., *Religión y libertades fundamentales en los países de Naciones Unidas: textos constitucionales*, Granada, 2003.

[*] Constitución de 22 de agosto de 1994.

ART. 20. Los extranjeros gozan en el territorio de la nación de todos los derechos civiles del ciudadano pueden…ejercer libremente su culto…

ART. 73. Los eclesiásticos regulares no pueden ser miembros del Congreso, ni los gobernadores de provincia por la de su mando.

ART. 75. Corresponde al Congreso:..19. Sancionar leyes de organización y de base de la educación que consoliden la unidad nacional respetando las particularidades provinciales y locales; que aseguren la responsabilidad indelegable del Estado, la participación de la familia y la sociedad, la promoción de los valores democráticos y la igualdad de oportunidades y posibilidades sin discriminación alguna; y que garanticen los principios de gratuidad y equidad de la educación pública estatal y la autonomía y autarquía de las universidades nacionales. Dictar leyes que protejan la identidad y pluralidad cultural, la libre creación y circulación de las obras del autor; el patrimonio artístico y los espacios culturales y audiovisuales…22. Aprobar o desechar tratados concluidos con las demás naciones y con las organizaciones internacionales y los concordatos con la Santa Sede. Los tratados y concordatos tienen jerarquía superior a las leyes…23. Legislar y promover medidas de acción positiva que garanticen la igualdad real de oportunidades y de trato, y el pleno goce y ejercicio de los derechos reconocidos por esta Constitución y por los tratados internacionales vigentes sobre derechos humanos...

ART. 93. Al tomar posesión de su cargo el Presidente y Vicepresidente prestarán juramento, en manos del Presidente del Senado y ante el Congreso reunido en Asamblea, respetando sus creencias religiosas de: "desempeñar con lealtad y patriotismo el cargo de Presidente (o Vicepresidente) de la nación y observar y hacer observar fielmente la Constitución de la nación Argentina".

CONSTITUCIÓN DE BARBADOS[*]

ART. 11. Considerando que toda persona en Barbados es titular de derechos y libertades fundamentales, es decir, tiene derecho, cualquiera que sea su…credo…d) a la libertad de conciencia…

ART. 19. 1. Salvo con su consentimiento, nadie podrá verse impedido en el disfrute de su libertad de conciencia, y para los propósitos de este artículo, dicha libertad incluye la libertad de pensamiento y de religión, la libertad de cambiar de religión o creencia y la libertad de manifestar y propagar su religión o creencia, tanto individual como en comunidad con otros, en público o en privado, mediante el culto, la enseñanza, la práctica y la observancia.

2. Toda comunidad religiosa tiene derecho, a su costa, a establecer y mantener centros de educación y a dirigir cualquier centro de educación que sostenga íntegramente.

3. No se impedirá a ninguna comunidad religiosa impartir enseñanza religiosa a personas de esa comunidad en el curso de una educación proporcionada por esa comunidad, con independencia de que reciba una ayuda, subvención u otra forma de asistencia financiera del gobierno establecida para sufragar, en todo o en parte, el coste de tal educación.

4. Salvo con su consentimiento (o, si es una persona que no ha alcanzado la edad de veintiún años, con el consentimiento de su tutor), ninguna persona que asista a cualquier centro educativo podrá ser obligado a recibir enseñanza religiosa o a tomar parte o asistir a cualquier ceremonia u observancia religiosa si esa enseñanza, ceremonia u observancia se refiere a una religión distinta.

5. Nadie puede ser obligado a prestar ningún juramento contrario a su religión o creencia o a prestar juramento de manera contraria a su religión o creencia.

6. Nada de lo contenido o realizado bajo la autoridad de una ley puede contradecir o contravenir lo dispuesto en este artículo, salvo que la ley en cuestión contenga una disposición: a) que sea razonablemente necesaria:..ii) para proteger los derechos y libertades de otras personas, incluyendo el derecho de observar y practicar cualquier religión sin la intervención, a menos que sea solicitada, de miembros de cualquier otra religión; o b) relativa a normas o requisitos exigidos a centros educativos que incluyen cualquier

---

[*] Constitución de 30 de noviembre de 1966.

enseñanza (siempre que no sea enseñanza religiosa) impartida en tales lugares.

7. Las alusiones en este artículo a una religión deben ser interpretadas de forma que incluyan referencias a las confesiones religiosas, y las expresiones similares deben ser interpretadas de acuerdo con ella.

ART. 23…la expresión "discriminatoria" significa otorgar diferente trato a diversas personas atribuible…a sus características respectivas por razón de…credo…

CONSTITUCIÓN DE BELICE*

ART. 3. Considerando que toda persona de Belice es titular de derechos y libertades fundamentales del individuo, es decir, el derecho, cualquiera que sea su…credo…

ART. 11. 1. Salvo con su consentimiento, nadie podrá verse impedido en el disfrute de su libertad de conciencia, y a los efectos de este artículo, esta libertad incluye la libertad de pensamiento y de religión, el derecho a cambiar su religión o creencias así como la libertad de manifestar y propagar su religión o creencias individual o colectivamente, en público o en privado, mediante el culto, la enseñanza, la práctica y la observancia.

2. Salvo con su consentimiento (o, si es una persona menor de dieciocho años, con el consentimiento de su padre o tutor) ninguna persona que asista a un centro educativo, o esté detenido en cualquier prisión o institución correccional o preste servicio en las Fuerzas militares naval o aérea podrá ser obligado a recibir enseñanza religiosa o a tomar parte o a asistir a cualquier ceremonia religiosa si esa instrucción, ceremonia u observancia se refiere a una religión que no es la suya propia.

3. Toda comunidad religiosa reconocida tiene derecho, a su cargo, a establecer y mantener centros de educación y a dirigir los que sostenga; y a ninguna de esas comunidades puede impedírsele impartir enseñanza religiosa a sus miembros en el transcurso de cualquier educación que proporcionen, con independencia de que reciban o no subsidios del Gobierno u otra forma de ayuda económica para sufragar en todo o en parte el coste de esa educación.

4. Nadie puede ser obligado a prestar ningún juramento contrario a su religión o creencia o a prestar juramento de manera contraria a su religión o creencia.

5. Nada de lo contenido o realizado en ejecución de una ley puede contravenir lo dispuesto en este artículo, salvo que contenga una disposición que sea razonablemente exigible:…b) para proteger los derechos y libertades de otras personas, incluyendo el derecho de observar y practicar cualquier religión sin la intervención no solicitada de miembros de cualquier religión…

6. Las alusiones en esta sección a una religión deben ser interpretadas de forma que incluyan las referencias a una confesión religiosa, y las expresiones similares deben ser interpretadas de acuerdo con ella.

---

* Constitución de 20 de septiembre de 1981.

CONSTITUCIÓN POLÍTICA DE BOLIVIA[*]

ART. 4. El Estado respeta y garantiza la libertad de religión y de creencias espirituales, de acuerdo con sus cosmovisiones. El Estado es independiente de la religión.

ART. 14...II. El Estado prohíbe y sanciona toda forma de discriminación fundada en razón de...credo religioso, ideología...

ART. 21. Las bolivianas y los bolivianos tienen los siguientes derechos:..3. A la libertad de pensamiento, espiritualidad, religión y culto, expresados en forma individual o colectiva, tanto en público como en privado, con fines lícitos.

ART. 30...II. En el marco de la unidad del Estado y de acuerdo con esta Constitución las naciones y pueblos indígena originario campesinos gozan de los siguientes derechos:..2. A su identidad cultural, creencia religiosa, espiritualidades, prácticas y costumbres, y a su propia cosmovisión.

ART. 86. En los centros educativos se reconocerá y garantizará la libertad de conciencia y de fe y de la enseñanza de religión, así como la espiritualidad de las naciones y pueblos indígena originario campesinos, y se fomentará el respeto y la convivencia mutua entre las personas con diversas opciones religiosas, sin imposición dogmática. En estos centros no se discriminará en la aceptación y permanencia de las alumnas y los alumnos por su opción religiosa.

ART. 87. Se reconoce y respeta el funcionamiento de unidades educativas de convenio con fines de servicio social, con acceso libre y sin fines de lucro, que deberán funcionar bajo la tuición de las autoridades públicas, respetando el derecho de administración de entidades religiosas sobre dichas unidades educativas, sin perjuicio de lo establecido en disposiciones nacionales, y se regirán por las mismas normas, políticas, planes y programas del sistema educativo.

ART. 99...III. La riqueza natural, arqueológica, paleontológica, histórica, documental, y la procedente del culto religioso y del folklore, es patrimonio cultural del pueblo boliviano, de acuerdo con la ley.

ART. 104...El Estado garantiza el acceso al deporte sin distinción de género, idioma, religión...o de cualquier otra índole.

---

[*] Constitución de 7 de febrero de 2009.

ART. 238. No podrán acceder a cargos públicos electivos aquellas personas que incurran en las siguientes causales de inelegibilidad:..5. Los ministros de cualquier culto religioso que no hayan renunciado al menos tres meses antes al día de la elección.

ART. 304. I. Las autonomías indígena originario campesinas podrán ejercer las siguientes competencias exclusivas:..10. Patrimonio cultural, tangible e intangible. Resguardo, fomento y promoción de sus culturas, arte, identidad, centros arqueológicos, lugares religiosos, culturales y museos.

CONSTITUCIÓN DE LA REPÚBLICA FEDERAL DE BRASIL*

ART. 3. Constituyen objetivos fundamentales de la República Federal de Brasil:..IV. Promover el bien de todos, sin prejuicios de origen, raza, sexo, color edad o cualesquiera otras formas de discriminación.

ART. 5. Todos son iguales ante la ley…VI. Es inviolable la libertad de conciencia y de creencia, estado asegurado el libre ejercicio de los cultos religiosos y garantizada, en la forma de la ley, la protección de los locales de culto y sus liturgias; VII. Queda asegurada, en los términos de la ley, la prestación de asistencia religiosa en las entidades civiles y militares de internamiento colectivo; VIII. Nadie será privado de derechos por motivo de creencia religiosa o de convicción filosófica o política, salvo si las invocara para eximirse de obligación legal impuesta a todos y rehusase cumplir la prestación alternativa, fijada por ley…

ART. 19. Está prohibido a la Unión, a los Estados, al Distrito Federal y a los Municipios: I. Establecer cultos religiosos o iglesias, subvencionarlos, obstaculizar su funcionamiento o mantener con ellos o sus representantes relaciones de dependencia o alianza, salvo la colaboración de interés público, en la forma de la ley…

ART. 143…1. Es competencia de las Fuerzas Armadas, en la forma de la ley, establecer un servicio alternativo para aquellos que, en tiempo de paz, después de alistados, alegaren objeción de conciencia, entendiéndose como tal, la derivada de creencia religiosa o convicción filosófica o política, para ser eximido de actividades de carácter esencialmente militar. 2. Las mujeres y los eclesiásticos están exentos del servicio militar obligatorio en tiempo de paz, sin embargo, están sujetos a otras obligaciones que la ley pueda atribuir.

ART. 150. Sin perjuicio de otras garantías aseguradas al contribuyente, está prohibido a la Unión, a los Estados, al Distrito Federal y a los Municipios:..VI. Establecer impuestos sobre:.. b) templos de cualquier culto…

ART. 210…1. La enseñanza religiosa, de recepción facultativa, constituirá una disciplina en los horarios normales de las escuelas públicas de enseñanza fundamental.

---

* Constitución de 5 de octubre de 1988.

ART. 213. Los recursos públicos estarán destinados a escuelas públicas, pudiendo invertirse en escuelas comunitarias, confesionales y filantrópicas, definidas en la ley, que:..II. Aseguren el destino de su patrimonio a otra escuela comunitaria, filantrópica o confesional, o al Poder Público, en caso de cesación en sus actividades…

ART. 226…2. El matrimonio religioso tiene efecto civil, en los términos de la ley…

CONSTITUCIÓN POLÍTICA DE LA REPÚBLICA DE CHILE*

ART. 19. La Constitución asegura a todas las personas:..2°. La igualdad ante la ley...6°. La libertad de conciencia, la manifestación de todas las creencias y el ejercicio libre de todos los cultos que no se opongan a la moral, a las buenas costumbres o al orden público. Las confesiones religiosas podrán erigir y conservar templos y sus dependencias bajo las condiciones de seguridad e higiene fijadas por las leyes y ordenanzas. Las iglesias, las confesiones e instituciones religiosas de cualquier culto tendrán los derechos que otorgan y reconocen, con respecto a los bienes, las leyes actualmente en vigor. Los templos y sus dependencias, destinados exclusivamente al servicio de un culto, estarán exentos de toda clase de contribuciones...

---

* Constitución de 21 de octubre de 1980.

CONSTITUCIÓN POLÍTICA DE LA REPÚBLICA DE COLOMBIA*

ART. 13. Todas las personas nacen libres e iguales ante la ley, recibirán la misma protección y trato de las autoridades y gozarán de los mismos derechos, libertades y oportunidades sin ninguna discriminación por razones de sexo, raza, origen nacional o familiar, lengua, religión, opinión política o filosófica.

ART.18. Se garantiza la libertad de conciencia. Nadie será molestado por razón de sus convicciones o creencias ni compelido a revelarlas ni obligado a actuar contra su conciencia.

ART. 19. Se garantiza la libertad de cultos. Toda persona tiene derecho a profesar libremente su religión y a difundirla en forma individual o colectiva. Todas las confesiones religiosas e iglesias son igualmente libres ante la ley.

ART. 68…Los padres de familia tendrán derecho de escoger el tipo de educación para sus hijos menores. En los establecimientos del Estado ninguna persona podrá ser obligada a recibir educación religiosa…

ART. 192. El Presidente de la República tomará posesión de su destino ante el Congreso, y prestará juramento en estos términos: "Juro a Dios y prometo al pueblo cumplir fielmente la Constitución y las leyes de Colombia".

---

* Constitución de 4 de julio de 1991.

CONSTITUCIÓN POLÍTICA DE LA REPÚBLICA DE COSTA RICA*

ART. 28…No se podrá, sin embargo, hacer en forma alguna propaganda política por clérigos o seglares invocando motivos de religión o valiéndose, como medio, de creencias religiosas.

ART. 74. Los derechos y beneficios a que este capítulo se refiere son irrenunciables. Su enumeración no excluye otros que se deriven del principio cristiano de justicia social y que indique la ley; serán aplicables por igual a todos los factores concurrentes al proceso de producción, y reglamentados en una legislación social y de trabajo, a fin de procurar una política permanente de solidaridad nacional.

ART. 75. La religión católica, apostólica, romana, es la del Estado, el cual contribuye a su mantenimiento, sin impedir el libre ejercicio en la República de otros cultos que no se opongan a la moral universal ni a las buenas costumbres.

ART. 194. El Juramento que deben prestar los funcionarios públicos, según lo dispuesto en el artículo 11 de esta Constitución, es el siguiente;

"¿Juráis a Dios y prometéis a la Patria, observar y defender la Constitución y las leyes de la República, y cumplir fielmente los deberes de vuestro destino?

–Sí, juro.

–Si así lo hiciereis, Dios os ayude, y si no, Él y la Patria os lo demanden".

---

* Constitución de 7 de noviembre de 1949.

CONSTITUCIÓN DE LA REPÚBLICA DE CUBA*

ART. 8. El Estado reconoce, respeta y garantiza la libertad religiosa. En la República de Cuba, las instituciones religiosas están separadas del Estado. Las distintas creencias y religiones gozan de igual consideración.

ART. 42. La discriminación por motivo de…creencias religiosas y cualquiera otra lesiva a la dignidad humana está proscrita y es sancionada por la ley.

ART. 43. El Estado consagra el derecho conquistado por la revolución de que los ciudadanos, sin distinción de raza, color de la piel, sexo, creencias religiosas…

ART. 55. El Estado, que reconoce, respeta y garantiza la libertad de conciencia y de religión, reconoce, respeta y garantiza a la vez la libertad de cada ciudadano de cambiar de creencias religiosas o no tener ninguna, y a profesar, dentro del respeto a la ley, el culto religioso de su preferencia.

---

* Constitución de 1 de agosto de 1992.

CONSTITUCIÓN DE LA REPÚBLICA DE ECUADOR*

ART. 11…Nadie podrá ser discriminado por razones de…religión, ideología…

ART. 19. Se prohíbe la emisión de publicidad que induzca a la violencia, la discriminación, el racismo, la toxicomanía, el sexismo, la intolerancia religiosa o política y toda aquella que atente contra los derechos…

ART. 66. Se reconoce y garantiza a las personas:..8. El derecho a practicar, conservar, cambiar, profesar en público o en privado, su religión o sus creencias, y a difundirlas individual o colectivamente, con las restricciones que impone el respeto a los derechos. El Estado protegerá la práctica religiosa voluntaria, así como la expresión de quienes no profesan religión alguna, y favorecerá un ambiente de pluralidad y tolerancia…11. El derecho a guardar reserva sobre sus convicciones. Nadie podrá ser obligado a declarar sobre las mismas. En ningún caso se podrá exigir o utilizar sin autorización del titular o de sus legítimos representantes, la información personal o de terceros sobre sus creencias religiosas…salvo por necesidades de atención médica…14. Las personas extranjeras no podrán ser devueltas o expulsadas a un país donde su vida, libertad, seguridad o integridad o la de sus familiares peligren por causa de su etnia, religión, nacionalidad, ideología, pertenencia a determinado grupo social, o por sus opiniones políticas… 28. El derecho a la identidad personal y colectiva, que incluye tener nombre y apellido, debidamente registrados y libremente escogidos; y conservar, desarrollar y fortalecer las características materiales e inmateriales de la identidad, tales como la nacionalidad, la procedencia familiar, las manifestaciones espirituales, culturales, religiosas, lingüísticas, políticas y sociales…

ART. 174. Las juezas y jueces no podrán ejercer funciones de dirección en los partidos y movimientos políticos, ni participar como candidatos en procesos de elección popular, ni realizar actividades de proselitismo político o religioso.

---

* Constitución de 19 de julio de 2008.

CONSTITUCIÓN DE LA REPÚBLICA DE EL SALVADOR*

ART. 3. Todas las personas son iguales ante la ley. Para el goce de los derechos civiles no podrán establecerse restricciones que se basen en diferencias de…religión.

ART. 26. Se reconoce la personalidad jurídica de la Iglesia católica. Las demás iglesias podrán obtener, conforme a la ley, el reconocimiento de su personalidad.

ART. 29. En casos de guerra, invasión del territorio, rebelión, sedición, catástrofe, epidemia u otra calamidad general, o de graves perturbaciones del orden público, podrán suspenderse las garantías establecidas en los artículos 5, 6 inciso primero, 7 inciso primero y 24 de esta Constitución, excepto cuando se trate de reuniones o asociaciones con fines religiosos, culturales, económicos o deportivos. Tal suspensión podrá afectar la totalidad o parte del territorio de la República, y se hará por medio de decreto del Órgano Legislativo o del Órgano Ejecutivo, en su caso.

ART. 38…1. En una misma empresa o establecimiento y en idénticas circunstancias, a trabajo igual debe corresponder igual remuneración al trabajador, cualquiera que sea su sexo, raza, credo o nacionalidad…

ART. 47. Los patronos y trabajadores privados, sin distinción de nacionalidad, sexo, raza, credo o ideas políticas y cualquiera que sea su actividad o la naturaleza del trabajo que realicen, tienen derecho de asociarse libremente para la defensa de sus respectivos intereses…

ART. 58. Ningún establecimiento de educación podrá negarse a admitir alumnos por motivos de la naturaleza de la unión de sus progenitores o guardadores, ni por diferencias sociales, religiosas, raciales o políticas.

ART. 82. Los ministros de cualquier culto religioso, los miembros en servicio activo de la fuerza armada y los miembros de la policía nacional civil no podrán pertenecer a partidos políticos ni optar a cargos de elección popular. Tampoco podrán realizar propaganda política en ninguna forma.

ART. 231. No pueden imponerse contribuciones sino en virtud de una ley y para el servicio público. Los templos y sus dependencias destinadas inmediata y directamente al servicio religioso, estarán exentos de impuestos sobre inmuebles.

---

* Constitución de 20 de diciembre de 1983.

CONSTITUCIÓN DE LOS ESTADOS UNIDOS DE AMÉRICA*

ART. 6…Los Senadores y representantes ya mencionados, los miembros de las distintas legislaturas locales y todos los funcionarios ejecutivos y judiciales, tanto de los Estados Unidos como de los diversos Estados, se obligarán mediante juramento o protesta a sostener esta Constitución; pero nunca se exigirá una declaración religiosa como condición para ocupar ningún empleo o mandato público de los Estados Unidos.

ENMIENDA 1. El Congreso no aprobará ninguna ley con respecto al establecimiento de religión alguna, o que prohíba el libre ejercicio de la misma o que coarte la libertad de palabra o de prensa; o el derecho del pueblo a reunirse pacíficamente y a solicitar del Gobierno la reparación de agravios.

ENMIENDA 14. Sección 1. Toda persona nacida o naturalizada en los Estados Unidos y sujeta a su jurisdicción, será ciudadana de los Estados Unidos y del Estado en que resida. Ningún Estado aprobará o hará cumplir ninguna ley que restrinja los privilegios o inmunidades de los ciudadanos de los Estados Unidos; ni ningún Estado privará a persona alguna de su vida, de su libertad o de su propiedad, sin el debido procedimiento de ley, ni negará a nadie, dentro de su jurisdicción, la igual protección de las leyes.

---

* Constitución de 17 de septiembre de 1787.

CONSTITUCIÓN DE LA REPÚBLICA DE GUATEMALA*

ART. 36. Libertad de religión. El ejercicio de todas las religiones es libre. Toda persona tiene derechos a practicar su religión o creencia, tanto en público como en privado, por medio de la enseñanza, el culto y la observancia, sin más límites que el orden público y el respeto debido a la dignidad de la jerarquía y a los fieles de otros credos.

ART. 37. Personalidad jurídica de las iglesias. Se reconoce la personalidad jurídica de la Iglesia católica. Las otras iglesias, cultos, entidades y asociaciones de carácter religioso obtendrán el reconocimiento de su personalidad jurídica conforme las reglas de su institución y el Gobierno no podrá negarlo si no fuese por razones de orden público.

El Estado extenderá a la Iglesia católica, sin costo alguno, títulos de propiedad de los bienes inmuebles que actualmente y en forma pacífica posee para sus propios fines, siempre que hayan formado parte del patrimonio de la Iglesia católica en el pasa do. No podrán ser afectados los bienes inscritos a favor de terceras personas, ni los que el Estado tradicionalmente ha destinado a sus servicios.

Los bienes inmuebles de las entidades religiosas destinados al culto, a la educación y a la asistencia social, gozan de exención de impuestos, arbitrios y contribuciones.

ART. 73…El Estado contribuirá al sostenimiento de la enseñanza religiosa sin discriminación alguna.

ART. 186. Prohibiciones para optar a los cargos de Presidente o Vicepresidente de la República. No podrán optar al cargo de Presidente o Vicepresidente de la República:..F. Los ministros de cualquier religión o culto.

ART. 197. Prohibiciones para ser ministro de Estado. No pueden ser ministros de Estado:…e) Los ministros de cualquier religión o culto.

ART. 207…La función de magistrado o juez es incompatible con cualquier otro empleo, con cargos directivos en sindicatos y partidos políticos, y con la calidad de ministro de cualquier religión.

---

* Constitución de 1 de junio de 1985.

CONSTITUCIÓN DE LA REPÚBLICA COOPERATIVA DE GUYANA*

ART. 1. Guyana es un Estado soberano indivisible, laico…

ART. 40. Toda persona de Guyana…tiene derecho, cualquiera que sea su raza…credo…a todos y cada uno de los siguientes:..b) libertad de conciencia…

ART. 145. 1. Salvo con su consentimiento, ninguna persona podrá verse impedida en el disfrute de su libertad de conciencia; a los efectos de este artículo, dicha libertad incluye la libertad de pensamiento y de religión, el derecho a cambiar su religión o creencias, y el derecho, sólo o en comunidad con otros, en público y en privado, de manifestar y propagar su religión o creencias mediante el culto, la enseñanza, la práctica y la observancia. 2. A ninguna comunidad religiosa se le prohibirá dar formación religiosa a personas de esa comunidad. 3. Salvo con su consentimiento (o si es una persona que no ha alcanzado la edad de 18 años, el consentimiento de su tutor) ninguna persona que asista a cualquier centro educativo será obligada a recibir instrucción religiosa o a tomar parte o asistir a una ceremonia religiosa o a una práctica religiosa, si esa instrucción, ceremonia o práctica corresponde a una religión que no es la suya. 4. Nadie será obligado a prestar juramento en contra de su religión o creencias o a prestar juramento de una forma contraria a su religión o creencias…

ART. 149…Ninguna ley contendrá norma alguna discriminatoria…la expresión discriminatoria significa otorgar un trato diferente a diferentes personas atribuible, en todo o principalmente, a su respectiva condición por razón de…credo…

---

* Constitución de 20 de febrero de 1980.

CONSTITUCIÓN DE LA REPÚBLICA DE HAITÍ[*]

ART. 30. Todas las religiones y cultos son libres. Cualquier persona tiene derecho a profesar su religión y su culto, con tal que el ejercicio de ese derecho no altere el orden y la paz públicos. Nadie puede ser obligado a formar parte de una organización religiosa o a seguir una enseñanza religiosa contraria a sus convicciones. La ley establece las condiciones de reconocimiento y de funcionamiento de las religiones y de los cultos.

ART. 35...2. El Estado garantiza al trabajador la igualdad de las condiciones de trabajo y de salario, cualquiera que sea su sexo, sus creencias...

---

[*] Constitución de 10 de marzo de 1987.

CONSTITUCIÓN DE LA REPÚBLICA DE HONDURAS[*]

ART. 77. Se garantiza el libre ejercicio de todas las religiones y cultos sin preeminencia alguna, siempre que no contravengan las leyes y el orden público. Los ministros de las diversas religiones, no podrán ejercer cargos públicos ni hacer en ninguna forma propaganda política, invocando motivos de religión o valiéndose, como medio para tal fin, de las creencias religiosas del pueblo.

ART. 151…La educación nacional será laica y se fundamentará en los principios esenciales de la democracia…

---

[*] Constitución de 11 de enero de 1982.

CONSTITUCIÓN POLÍTICA DE LOS ESTADOS UNIDOS MEXICANOS[*]

ART. 3. Todo individuo tiene derecho a recibir educación... I. Garantizada por el artículo 24 la libertad de creencias, dicha educación será laica y, por tanto, se mantendrá por completo ajena a cualquier doctrina religiosa...c) Contribuirá a la mejor convivencia humana, tanto por los elementos que aporte a fin de robustecer en el educando, junto con el aprecio para la dignidad de la persona y la integridad de la familia, la convicción del interés general de la sociedad, cuanto por el cuidado que ponga en sustentar los ideales de fraternidad e igualdad de derechos de todos los hombres, evitando los privilegios de razas, de religión, de grupos, de sexos o de individuos...

ART. 24. Todo hombre es libre para profesar la creencia religiosa que más le agrade y para practicar las ceremonias, devociones o actos del culto respectivo, siempre que no constituyan un delito o falta penados por la ley. El Congreso no puede dictar leyes que establezcan o prohíban religión alguna. Los actos religiosos de culto público se celebrarán ordinariamente en los templos. Los que extraordinariamente se celebren fuera de éstos se sujetarán a la ley reglamentaria.

ART. 27...Las asociaciones religiosas que se constituyan en los términos del artículo 130 y su ley reglamentaria tendrán capacidad para adquirir, poseer o administrar, exclusivamente, los bienes que sean indispensables para su objeto, con los requisitos y limitaciones que establezca la ley reglamentaria...

ART. 55. Para ser diputado se requieren los siguientes requisitos:..VI. No ser ministro de algún culto religioso...

ART. 82. Para ser Presidente se requiere: ...IV. No pertenecer al estado eclesiástico ni ser ministro de algún culto...

ART. 130. El principio histórico de la separación del Estado y las iglesias orienta las normas contenidas en el presente artículo. Las iglesias y demás agrupaciones religiosas se sujetarán a la ley. Corresponde exclusivamente al Congreso de la Unión legislar en materia de culto público y de iglesias y agrupaciones religiosas. La ley reglamentaria respectiva, que será de orden público, desarrollará y concretará las disposiciones siguientes: a) Las iglesias y las agrupaciones religiosas tendrán personalidad jurídica co-

---

[*] Constitución de 5 de febrero de 1917.

mo asociaciones religiosas una vez que obtengan su correspondiente registro. La ley regulará dichas asociaciones y determinará las condiciones y requisitos para el registro constitutivo de las mismas; b) Las autoridades no intervendrán en la vida interna de las asociaciones religiosas; c) Los mexicanos podrán ejercer el ministerio de cualquier culto. Los mexicanos así como los extranjeros deberán, para ello, satisfacer los requisitos que señale la ley; d) En los términos de la ley reglamentaria, los ministros de cultos no podrán desempeñar cargos públicos. Como ciudadanos tendrán derecho a votar, pero no a ser votados. Quienes hubieren dejado de ser ministros de cultos con la anticipación y en la forma que establezca la ley, podrán ser votados; e) Los ministros no podrán asociarse con fines políticos ni realizar proselitismo a favor o en contra de candidato, partido o asociación política alguna. Tampoco podrán en reunión pública, en actos del culto o de propaganda religiosa, ni en publicaciones de carácter religioso, oponerse a las leyes del país o a sus instituciones, ni agraviar, de cualquier forma, los símbolos patrios. Queda estrictamente prohibida la formación de toda clase de agrupaciones políticas cuyo título tenga alguna palabra o indicación cualquiera que la relacione con alguna confesión religiosa. No podrán celebrarse en los templos reuniones de carácter político. La simple promesa de decir verdad y de cumplir las obligaciones que se contraen, sujeta al que la hace, en caso de que faltare a ella, a las penas que con tal motivo establece la ley. Los ministros de cultos, sus ascendientes, descendientes, hermanos y cónyuges, así como las asociaciones religiosas a que aquellos pertenezcan, serán incapaces para heredar por testamento, de las personas a quienes los propios ministros hayan dirigido o auxiliado espiritualmente y no tengan parentesco dentro del cuarto grado.

CONSTITUCIÓN POLÍTICA DE LA REPÚBLICA DE NICARAGUA*

ART. 14. El Estado no tiene religión oficial.

ART. 27. Todas las personas son iguales ante la ley y tienen derecho a igual protección. No habrá discriminación por motivos de…religión…

ART. 29. Toda persona tiene derecho a la libertad de conciencia, de pensamiento y de profesar o no una religión. Nadie puede ser objeto de medidas coercitivas que puedan menoscabar estos derechos ni a ser obligado a declarar su credo, ideología o creencias.

ART. 49. En Nicaragua tienen derecho de constituir organizaciones los trabajadores de la ciudad y el campo, las mujeres, los jóvenes, los productores agropecuarios, los artesanos, los profesionales, los técnicos, los intelectuales, los artistas, los religiosos, las comunidades de la Costa Atlántica y los pobladores en general, sin discriminación alguna, con el fin de lograr la realización de sus aspiraciones según sus propios intereses y participar en la construcción de una nueva sociedad. Estas organizaciones se formarán de acuerdo a la voluntad participativa y electiva de los ciudadanos, tendrán una función social y podrán o no tener carácter partidario, según su naturaleza y fines.

ART. 69. Todas las personas, individual o colectivamente, tienen derecho a manifestar sus creencias religiosas en privado o en público, mediante el culto, las prácticas y su enseñanza. Nadie puede eludir la observancia de las leyes, ni impedir a otros el ejercicio de sus derechos y el cumplimiento de sus deberes, invocando creencias o disposiciones religiosas.

ART. 82. Los trabajadores tienen derecho a condiciones de trabajo que les aseguren en especial: 1. Salario igual por trabajo igual en idénticas condiciones, adecuado a su responsabilidad social, sin discriminaciones por razones…religiosas…, que les asegure un bienestar compatible con la dignidad humana…

ART. 124. La educación en Nicaragua es laica. El Estado reconoce el derecho de los centros privados dedicados a la enseñanza y que sean de orientación religiosa, a impartir religión como materia extracurricular.

ART. 134…No podrán ser candidatos a Diputados, Propietarios o Suplentes: Los Ministros de cualquier culto religioso, salvo que hubieren renunciado a su ejercicio al menos doce meses antes de la elección.

---

* Constitución de 9 de enero de 1987.

ART. 180. Las comunidades de la Costa Atlántica tienen el derecho de vivir y desarrollarse bajo las formas de organización social que corresponden a sus tradiciones históricas y culturales. El Estado garantiza a estas comunidades el disfrute de sus recursos naturales, la efectividad de sus formas de propiedad comunal y la libre elección de sus autoridades y diputados. Asimismo garantiza la preservación de sus culturas y lenguas, religiones y costumbres.

CONSTITUCIÓN POLÍTICA DE LA REPÚBLICA DE PANAMÁ*

ART. 19. No habrá fueros o privilegios personales ni discriminación por razón de…religión…

ART. 35. Es libre la profesión de todas las religiones, así como el ejercicio de todos los cultos, sin otra limitación que el respeto a la moral cristiana y el orden público. Se reconoce que la religión católica es la de la mayoría de los panameños.

ART. 36. Las asociaciones religiosas tienen capacidad jurídica y ordenan y administran sus bienes dentro de los límites señalados por la Ley, lo mismo que las demás personas jurídicas.

ART. 42. Los ministros de los cultos religiosos, además de las funciones inherentes a su misión, sólo podrán ejercer los cargos públicos que se relacionen con la asistencia social, la educación o la investigación científica.

ART. 63. A trabajo igual en idénticas condiciones, corresponde siempre igual salario o sueldo, cualesquiera que sean las personas que lo realicen, sin distinción de sexo, nacionalidad, edad, raza, clase social, ideas políticas o religiosas.

ART. 90. Los establecimientos de enseñanza, sean oficiales o particulares, están abiertos a todos los alumnos, sin distinción de raza posición social, ideas políticas, religión o naturaleza de la unión de sus progenitores o guardadores.

ART. 103. Se enseñará la religión católica en las escuelas públicas, pero su aprendizaje y la asistencia a los cultos religiosos no serán obligatorios cuando lo soliciten sus padres o tutores.

ART. 176. El Presidente y Vicepresidente de la República tomarán posesión de sus respectivos cargos el día primero de septiembre siguiente al de su elección y prestarán juramento en estos términos: "Juro a Dios y a la Patria cumplir fielmente la Constitución y las Leyes de la República". El ciudadano que no profese creencia religiosa podrá prescindir de la invocación a Dios en su juramento.

ART. 295. Los servidores públicos serán de nacionalidad panameña sin discriminación de raza, sexo, religión o creencia y militancia política. Su nombramiento y remoción no será potestad absoluta y discrecional de ninguna autoridad, salvo lo que al respecto dispone esta Constitución. Los servidores públicos se regirán por el sistema de méritos; y la estabilidad en sus cargos estará condicionada a su competencia, lealtad y moralidad en el servicio.

---

* Constitución de 11 de octubre de 1972.

CONSTITUCIÓN DE LA REPÚBLICA DE PARAGUAY*

ART. 24. Quedan reconocidas la libertad religiosa, la de culto y la ideológica, sin más limitaciones que las establecidas en esta Constitución y en la ley. Ninguna confesión tendrá carácter oficial. Las relaciones del Estado con la iglesia católica se basan en la independencia, cooperación y autonomía. Se garantizan la independencia y la autonomía de las iglesias y confesiones religiosas, sin más limitaciones que las impuestas en esta Constitución y las leyes. Nadie puede ser molestado, indagado u obligado a declarar por causa de sus creencias o de su ideología.

ART. 37. Se reconoce la objeción de conciencia por razones éticas o religiosas para los casos en que esta Constitución y la ley la admitan.

ART. 63. Queda reconocido y garantizado el derecho de los pueblos indígenas a preservar y a desarrollar su identidad étnica en el respectivo hábitat. Tienen derecho, asimismo, a aplicar libremente sus sistemas de organización política, social, económica, cultural y religiosa, al igual que la voluntaria sujeción a sus normas consuetudinarias para la regulación de la convivencia interior siempre que ellas no atenten contra los derechos fundamentales establecidos en esta Constitución. En los conflictos jurisdiccionales se tendrá en cuenta el derecho consuetudinario indígena.

ART. 74…Se garantiza igualmente la libertad de enseñar, sin más requisitos que la idoneidad y la integridad ética, así como el derecho a la educación religiosa y al pluralismo ideológico.

ART. 82. Se reconoce el protagonismo de la Iglesia católica en la formación histórica y cultural de la nación.

ART. 88. No se admitirá discriminación alguna entre los trabajadores por …religión…

ART. 129. Todo paraguayo tiene la obligación de prepararse y de prestar su concurso para la defensa armada de la Patria…Quienes declaren su objeción de conciencia prestarán servicio en beneficio de la población civil, a través de centros asistenciales designados por ley y bajo jurisdicción civil. La reglamentación y el ejercicio de este derecho no deberán tener carácter punitivo ni impondrán gravámenes superiores a los establecidos para el servicio militar…

---

* Constitución de 20 de junio de 1992.

ART. 197. No pueden ser candidatos a senadores ni a diputados:..5. Los ministros o religiosos de cualquier credo…

ART. 235. Son inhábiles para ser candidatos a Presidente de la República o Vicepresidente:..5. Los ministros de cualquier religión o culto…

CONSTITUCIÓN DE LA REPÚBLICA DE PERÚ[*]

ART. 2. Toda persona tiene derecho: ...2. A la igualdad ante la ley. Nadie debe ser discriminado por...religión...; 3. A la libertad de conciencia y de religión, en forma individual o asociada. No hay persecución por razón de ideas o creencias. No hay delito de opinión. El ejercicio público de todas las confesiones es libre, siempre que no ofenda la moral ni altere el orden público...

ART. 14...La formación ética y cívica y la enseñanza de la Constitución y de los derechos humanos son obligatorias en todo el proceso educativo civil o militar. La educación religiosa se imparte con respeto a la libertad de las conciencias...

ART. 50. Dentro de un régimen de independencia y autonomía, el Estado reconoce a la Iglesia católica como elemento importante en la formación histórica, cultural y moral del Perú, y le presta su colaboración. El Estado respeta otras confesiones y puede establecer formas de colaboración con ellas.

---

[*] Constitución de 25 de julio de 2002.

CONSTITUCIÓN DE LA REPÚBLICA DOMINICANA[*]

ART. 7. Es de supremo y permanente interés nacional el desarrollo económico y social del territorio de la República a lo largo de la línea fronteriza, así como la difusión en el mismo de la cultura y la tradición religiosa del pueblo dominicano. El aprovechamiento agrícola e industrial de los ríos fronterizos se continuará regulando por los principios consagrados en el artículo 6. del Protocolo de Revisión de 1936 del Tratado de Frontera de 1929, y en el artículo 10 del Tratado de Paz, Amistad y Arbitraje de 1929.

ART. 8. Se reconoce como finalidad principal del Estado la protección efectiva de los derechos de la persona humana…8. La libertad de conciencia y de cultos, con sujeción al orden público respeto a las buenas costumbres…15. Con el fin de robustecer su estabilidad y bienestar, su vida moral, religiosa, y cultural, la familia recibirá del Estado la más amplia protección posible…

ART. 54. El Presidente y el Vicepresidente de la República, antes de entrar en funciones, prestarán ante la Asamblea Nacional o ante cualquier funcionario u oficial público, el siguiente juramento: "Juro por Dios, por la Patria y por mi honor, cumplir y hacer cumplir la Constitución y las leyes de la República, sostener y defender su independencia, respetar su derechos y llenar fielmente los deberes de mi cargo".

---

[*] Constitución de 28 de noviembre de 1996.

CONSTITUCIÓN DE LA REPÚBLICA DE TRINIDAD Y TOBAGO[*]

ART. 4. Es así reconocido y declarado que en Trinidad y Tobago han existido y seguirán existiendo, sin discriminación por…religión…h) la libertad de conciencia y de creencias religiosas y su observancia…

---

[*] Constitución de 27 de julio de 1976.

CONSTITUCIÓN DE LA REPÚBLICA BOLIVARIANA DE VENEZUELA*

ART. 21. Todas las personas son iguales ante la ley, y en consecuencia: 1. No se permitirán discriminaciones fundadas en...el credo...o aquellas que, en general, tengan por objeto o por resultado anular o menoscabar el reconocimiento, goce o ejercicio en condiciones de igualdad, de los derechos y libertades de toda persona.

ART. 59. El Estado garantizará la libertad de religión y de culto. Toda persona tiene derecho a profesar su fe religiosa y culto y a manifestar sus creencias en privado o en público, mediante la enseñanza u otras prácticas, siempre que no se opongan a la moral, a las buenas costumbres y al orden público. Se garantiza, así mismo, la independencia y la autonomía de las iglesias y confesiones religiosas, sin más limitaciones que las derivadas de esta Constitución y la ley. El padre y la madre tienen derecho a que sus hijos o hijas reciban la educación religiosa que esté de acuerdo con sus convicciones. Nadie podrá invocar creencias o disciplinas religiosas para eludir el cumplimiento de la ley ni para impedir a otro u otra el ejercicio de sus derechos.

ART. 61. Toda persona tiene derecho a la libertad de conciencia y a manifestarla, salvo que su práctica afecte la personalidad o constituya delito. La objeción de conciencia no puede invocarse para eludir el cumplimiento de la ley o impedir a otros su cumplimiento o el ejercicio de sus derechos.

ART. 89. El trabajo es un hecho social y gozará de la protección del Estado...5. Se prohíbe todo tipo de discriminación por razones de política, edad, raza, sexo o credo o por cualquier otra condición.

---

* Constitución de 15 de diciembre de 1999.

A.2. REGULACIÓN CONCORDADA[2]

ACUERDO ENTRE LA SANTA SEDE Y LA REPÚBLICA DE ARGENTINA[*]

La Santa Sede reafirmando los principios del Concilio Ecuménico Vaticano II y el Estado argentino inspirado en el principio de la libertad reiteradamente consagrado por la Constitución nacional y a fin de actualizar la situación jurídica de la Iglesia católica apostólica romana, que el Gobierno Federal sostiene, convienen en celebrar un Acuerdo.

A este fin, su Santidad el Sumo Pontífice Paulo VI ha tenido a bien nombrar por su Plenipotenciario a su Excelencia Reverendísima Monseñor Humberto Mozón, Nuncio apostólico en Argentina, y el Excelentísimo Señor Presidente de la nación Argentina, Teniente General D. Juan Carlos Organía, ha tenido a bien nombrar Plenipotenciario a su Excelencia Dr. Nicanor Costa Méndez, Ministro de Relaciones Exteriores y Culto.

Los Plenipotenciarios, después de confrontar sus respectivos plenos poderes y habiéndolos hallado en debida forma, acuerdan lo siguiente:

ART. 1. El Estado argentino reconoce y garantiza a la Iglesia católica apostólica romana el libre y pleno ejercicio de su poder espiritual, el libre y público ejercicio de su culto, así como de su jurisdicción en el ámbito de su competencia, para la realización de sus fines específicos.

ART. 2. La Santa Sede podrá erigir nuevas circunscripciones eclesiásticas, así como los límites de las existentes o suprimirlas, si lo considerare necesario o útil para la asistencia de los fieles y el desarrollo de su organización.

Antes de proceder a la erección de una nueva diócesis o de una prelatura o a otros cambios de circunscripciones diocesanas, la Santa Sede comunicará confidencialmente al Gobierno sus intenciones y proyectos a fin de conocer si éste tiene observaciones legítimas, exceptuando el caso de mínimas rectificaciones territoriales requeridas por el bien de las almas.

---

[2] Se han utilizado como fuentes distintas bases de datos oficiales y las obras de CORRAL SALVADOR, C., JIMÉNEZ MARTÍNEZ CARVAJAL, J., *Concordatos vigentes*, I-II, Madrid, 1981; CORRAL SALVADOR, C., PETSCHEN, S., *Concordatos vigentes: textos originales, traducciones e introducciones*, III, Madrid, 1996 y CORRAL SALVADOR, C., PETSCHEN, S., *Tratados Internacionales (1996-2003) de la Santa Sede con los Estados. Concordatos vigentes*, IV, Madrid, 2003.

[*] Acuerdo entre la Santa Sede y la República Argentina de 10 de octubre de 1966.

La Santa Sede hará conocer oficialmente en su oportunidad al Gobierno las nuevas erecciones, modificaciones o supresiones efectuadas, a fin de que éste proceda a su reconocimiento por lo que se refiere a los efectos administrativos.

Serán también notificados al Gobierno las modificaciones de los límites de las diócesis existentes.

ART. 3. El nombramiento de los Arzobispos y Obispos es de competencia de la Santa Sede.

Antes de proceder al nombramiento de Arzobispos y Obispos residenciales, de Prelados o de Coadjutores con derechos a sucesión, la Santa Sede comunicará al Gobierno Argentino el nombre de la persona elegida para conocer si existen objeciones de carácter político general en contra de la misma.

El Gobierno argentino dará su contestación dentro de los treinta días. Transcurrido dicho término el silencio del Gobierno se interpretará en el sentido de que no tiene objeciones que oponer al nombramiento. Todas estas diligencias se cumplirán en el más estricto secreto.

Todo lo relativo al Vicariato Castrense continuará rigiéndose por la Convención del 28 de Junio de 1957.

Los Arzobispos, Obispos residenciales y los Coadjutores con derecho a sucesión serán ciudadanos argentinos.

ART. 4. Se reconoce el derecho de la Santa Sede de publicar en la República Argentina las disposiciones relativas al gobierno de la Iglesia y el de comunicar y mantener correspondencia libremente con los Obispos, el clero y los fieles relacionada con su noble ministerio, de la misma manera que éstos podrán hacerlo con la Sede Apostólica.

Gozan también de la misma facultad los Obispos y demás autoridades eclesiásticas en relación con sus sacerdotes y fieles.

ART. 5. El Episcopado argentino puede llamar al país a las órdenes, congregaciones religiosas masculinas y femeninas y sacerdotes seculares que estime útiles para el incremento de la asistencia espiritual y la educación cristiana del pueblo.

A pedido del Ordinario del lugar, el Gobierno argentino, siempre en armonía con las leyes pertinentes, facilitará al personal eclesiástico y religioso extranjero el permiso de residencia y la carta de ciudadanía.

ART. 6. En caso de que hubiese observaciones u objeciones por parte del Gobierno Argentino conforme a los artículos segundo y tercero, las Altas Partes contratantes buscarán las formas apropiadas para llegar a un entendimiento; asimismo resolverán amistosamente las eventuales diferencias que pudiesen presentarse en la interpretación y aplicación de las cláusulas del presente Acuerdo.

ART. 7. El presente Convenio, cuyos textos en lengua italiana y española hacen fe por igual, entrará en vigencia en el momento del canje de los instrumentos de ratificación.

En fe de lo cual, los Plenipotenciarios arriba nombrados firmaron y sellaron este Acuerdo, en dos ejemplares, en la Ciudad de Buenos Aires, a los diez días del mes de octubre del año mil novecientos sesenta y seis.

ACUERDO ENTRE LA SANTA SEDE Y LA REPÚBLICA FEDERAL DE BRASIL*

La Santa Sede y la República Federal de Brasil, en lo sucesivo denominadas Altas Partes Contratantes:

Considerando que la Santa Sede es la suprema autoridad de la Iglesia católica, regulada por el Derecho Canónico;

Considerando las relaciones históricas entre la Iglesia católica y Brasil y sus respectivas responsabilidades al servicio de la sociedad y del bien integral de la persona humana;

Afirmando que las Altas Partes Contratantes son, cada una en su propio orden, autónomas, independientes y soberanas y cooperan en la edificación de una sociedad más justa, pacífica y fraterna;

Basándose la Santa Sede en los documentos del Concilio Vaticano II y en el Código de Derecho Canónico, y la República Federal de Brasil en su Ordenamiento jurídico;

Reafirmando la adhesión al principio, internacionalmente reconocido, de libertad religiosa;

Reconociendo que la Constitución brasileña garantiza el libre ejercicio de los cultos religiosos;

Animados por la intención de reforzar e incrementar las mutuas relaciones ya existentes;

Han convenido en cuanto sigue:

ART. 1. Las Altas Partes Contratantes continuarán a ser representadas, en sus relaciones diplomáticas, por un Nuncio Apostólico acreditado ante la República Federal de Brasil y por un Embajador de Brasil acreditado ante la Santa Sede, con las inmunidades y garantías aseguradas por la Convención de Viena sobre las Relaciones Diplomáticas, de 18 de abril de 1961, y por otras normas internacionales.

ART. 2. La República Federal de Brasil, sobre la base del derecho de libertad religiosa, reconoce a la Iglesia católica el derecho de desempeñar su misión apostólica, garantizando el ejercicio público de sus actividades, de conformidad con el ordenamiento jurídico brasileño.

---

* Acuerdo entre la Santa Sede y la República Federal de Brasil de 13 de noviembre de 2008.

ART. 3. La República Federal de Brasil reafirma la personalidad jurídica de la Iglesia católica y de todas las Instituciones Eclesiásticas, que poseen tal personalidad en conformidad con el Derecho Canónico, siempre que no se opongan al sistema constitucional y legislación brasileña, como son: Conferencia Episcopal, Provincias Eclesiásticas, Archidiócesis, Diócesis, Prelaturas Territoriales o Personales, Vicariatos y Prefecturas Apostólica, Administraciones Apostólicas Personales, Misiones Sui Iuris, Ordinariato Mlitar y Ordinariatos para Fieles de otros ritos, Parroquias, Institutos de Vida Consagrada y Sociedades de Vida Apostólica.

1º. La Iglesia católica puede crear libremente, modificar o extinguir todas las Instituciones Eclesiásticas mencionadas en el *caput* de este artículo.

2º. La personalidad jurídica de las Instituciones Eclesiásticas será reconocida por la República Federal de Brasil mediante la inscripción en el respectivo registro del acto de creación, en los términos de la legislación brasileña; se prohíbe a la autoridad pública denegar el reconocimiento o el registro del acto de creación. Se anotarán además todas las eventuales modificaciones que dicho acto pudiera incorporar en lo sucesivo.

ART. 4. La Santa Sede declara que ninguna circunscripción eclesiástica de Brasil dependerá de un Obispo cuya sede esté fijada en territorio extranjero.

ART. 5. Las personas jurídicas eclesiásticas, reconocidas en los términos del artículo 3, que, aparte de los fines religiosos, persigan fines de asistencia y solidaridad social, desarrollarán la propia actividad y gozarán de todos los derechos, inmunidades, exenciones y beneficios atribuidos a los entes de naturaleza análoga previstos en el ordenamiento jurídico brasileño, a condición de que sean observados los requisitos y obligaciones exigidos en la legislación brasileña.

ART. 6. Las Altas Partes reconocen que el patrimonio histórico, artístico y cultural de la Iglesia católica, así como los documentos custodiados en sus archivos y bibliotecas, constituyen una parte relevante del patrimonio cultural brasileño, y continuarán por cooperar en salvaguardar, valorar y promover el disfrute de los bienes, muebles e inmuebles de propiedad de la Iglesia católica o de otras personas jurídicas eclesiásticas, que sean consideradas por Brasil como parte del patrimonio cultural y artístico.

1. La República Federal de Brasil, en atención al principio de cooperación, reconoce que la finalidad propia de los bienes eclesiásticos mencionados en el *caput* de este artículo debe ser salvaguardada por el ordenamien-

to jurídico brasileño, sin perjuicio de otras finalidades, que puedan brotar de su naturaleza cultural.

2. La Iglesia católica, consciente del valor de su patrimonio cultural, se compromete a facilitar el acceso al mismo para todos aquellos que deseen conocerlo y estudiarlo, salvaguardando las finalidades religiosas y las exigencias de su protección y de tutela de los archivos.

ART. 7. La República Federal de Brasil asegura, en los términos de su Ordenamiento jurídico, las medidas necesarias para garantizar la protección de los lugares de culto de la Iglesia católica y de sus liturgias, símbolos, imágenes y objetos cultuales, contra toda forma de violación, desprecio y uso ilegítimo.

1. Ningún edificio, dependencia u objeto empleado en el culto católico, observada la función social de la propiedad y de la legislación, puede ser demolido, ocupado, transportado, reestructurado o destinado por el Estado y por entes públicos a otro fin, salvo por razón de necesidad o utilidad pública, o por interés social, en los términos de la Constitución brasileña.

ART. 8. La Iglesia católica, en razón del bien común de la sociedad brasileña, especialmente de los ciudadanos más necesitados, se compromete, observadas las exigencias de la ley, a proporcionar asistencia espiritual a los fieles acogidos en centros sanitarios, de asistencia social, de educación o similares, o detenidos en instituciones penitenciarias o similares, observando las normas de cada centro, y que por tal razón estén impedidos de ejercer la práctica religiosa en condiciones normales y la soliciten. La República Federal de Brasil garantiza el derecho de realizar este servicio inherente a su propia misión.

ART. 9. El reconocimiento recíproco de títulos y calificaciones de nivel universitario dependerá, respectivamente, de los requisitos de los Ordenamientos jurídicos de la Santa Sede y de Brasil.

ART. 10. La Iglesia católica, atendiendo al principio de cooperación con el Estado, continuará ofreciendo sus instituciones de enseñanza, a todos los niveles, al servicio de la sociedad, en conformidad con sus propios fines y con las exigencias del Ordenamiento jurídico brasileño.

1. La República Federal de Brasil reconoce a la Iglesia católica el derecho de establecer y dirigir seminarios y otros institutos eclesiásticos de formación y cultura.

2. El reconocimiento de efectos civiles de los estudios, grados y títulos obtenidos en los seminarios y en los institutos antes mencionados, está regulado por el Ordenamiento jurídico brasileño, en condiciones de paridad con los estudios de idéntica naturaleza.

ART. 11. La República Federal Brasil, en observancia del derecho de libertad religiosa, de la diversidad cultural y de la pluralidad confesional del país, respeta la importancia de la enseñanza religiosa en razón de la formación integral de la persona.

1. La enseñanza religiosa, católica o de otras confesiones religiosas, de carácter facultativo, constituye una disciplina del horario normal de las escuelas públicas de la enseñanza fundamental, asegurando el respeto de la diversidad cultural religiosa de Brasil, en conformidad con la Constitución y demás leyes vigentes, sin ningún tipo de discriminación.

ART. 12. El matrimonio celebrado según el Derecho Canónico, y que respete también las exigencias establecidas por el Derecho brasileño para contraer matrimonio, produce los efectos civiles mediante la inscripción en el correspondiente Registro Civil, a contar desde la fecha de su celebración.

1. La homologación de las sentencias eclesiásticas en materia matrimonial, una vez conformadas por el órgano de control superior de la Santa Sede, se realizará en los términos de la legislación brasileña relativa a la homologación de las sentencias extranjeras.

ART. 13. Se garantiza el secreto de oficio sacerdotal, especialmente el de la confesión sacramental.

ART. 14. La República Federal de Brasil declara su compromiso en la destinación de espacios para fines religiosos, que deberán ser previstos en los proyectos de planificación urbana, para establecerlos en los respectivos planes urbanísticos.

ART. 15. Se reconoce la garantía de inmunidad tributaria relativa a los impuestos, en conformidad con la Constitución brasileña, a las personas jurídicas eclesiásticas, así como también al patrimonio, rentas y servicios relacionados con sus finalidades esenciales.

1. En cuanto a fines tributarios, las personas jurídicas de la Iglesia católica que desarrollen actividad social y educativa sin fin de lucro, recibirán el mismo tratamiento y beneficios atribuidos a los entes filantrópicos reconocidos por el Ordenamiento jurídico brasileño, incluyendo también cuanto se refiere a requisitos y obligaciones exigidas a los fines de la inmunidad y de las exenciones.

ART. 16. Dado el carácter peculiar religioso y benéfico de la Iglesia católica y de sus instituciones:

1. El vínculo entre los ministros ordenados o los fieles consagrados mediante los votos y las diócesis o los institutos religiosos o equiparados es de carácter religioso y por tanto, observando cuanto dispone la legislación laboral brasileña, no genera, por sí mismo, vínculo de empleo, a no ser que resulte probada la desnaturalización de la institución eclesiástica.

2. Las tareas de índole apostólica, pastoral, litúrgica, catequética, asistencial, de promoción humana, y semejantes podrán ser realizadas a título voluntario, observando lo que prescribe la legislación laboral brasileña.

ART. 17. Los Obispos, en el ejercicio de su ministerio pastoral, podrán invitar a sacerdotes miembros de institutos religiosos y a laicos, que no tengan nacionalidad brasileña, para prestar servicio en el territorio de sus diócesis, y pedir a las autoridades brasileñas, en su nombre, la concesión de visado para desarrollar actividad pastoral en Brasil.

1. Como consecuencia de la petición formal del Obispo, en conformidad con el Ordenamiento jurídico brasileño, podrá ser concedido el visado permanente o temporal, según el caso, por los motivos antes indicados.

ART. 18. El presente Acuerdo podrá ser integrado por la estipulación de acuerdos complementarios entre las Altas Partes.

1. Los Órganos del Gobierno brasileño, en el ámbito de las respectivas competencias, y la Conferencia Nacional de Obispos de Brasil, debidamente autorizada por la Santa Sede, podrán celebrar convenios sobre materias específicas, para la plena ejecución del presente Acuerdo.

ART. 19. Cualquier divergencia en la aplicación o interpretación del presente Acuerdo será resuelta por vía de tratamiento diplomático directo.

ART. 20. El presente Acuerdo entrará en vigor en el momento de intercambio de instrumentos de ratificación, salvadas las situaciones jurídicas existentes y constituidas en virtud del Decreto n. 119-A, del 7 de enero de 1980, y del Acuerdo entre la Santa Sede y la República Federal de Brasil sobre Asistencia Religiosa a las Fuerzas Armadas, de 23 de octubre de 1989.

Realizado en la Ciudad del Vaticano, día 13 del mes de noviembre de año 2008, en dos originales, en lengua italiana y portuguesa, siendo ambos textos igualmente auténticos.

CONCORDATO ENTRE LA SANTA SEDE Y LA REPÚBLICA DE COLOMBIA*

La República de Colombia y la Santa Sede, con el propósito de asegurar una fecunda colaboración para el mayor bien de la nación colombiana, animados por el deseo de tener en cuenta las nuevas circunstancias que han ocurrido, tanto para la Iglesia católica, apostólica y romana como para la República de Colombia desde 1887, fecha del Concordato suscrito entre ellas, han determinado celebrar un nuevo Concordato, que constituye la norma que regulará en lo sucesivo, sobre bases de recíproca deferencia y mutuo respeto, las relaciones entre la Iglesia católica y el Estado.

Con tal fin, su Excelencia el Presidente de Colombia, Señor Doctor Misael Pastrana Borrero, ha designado como su Plenipotenciario:

A su Excelencia el Señor Doctor Alfredo Vázquez Carrizosa, Ministro de Relaciones Exteriores; y

Su Santidad el Papa Paulo VI ha designado como su Plenipotenciario:

A su Excelencia Monseñor Ángelo Palmas, Arzobispo titular de Vibiana, Nuncio Apostólico de Bogotá,

Quienes, después de canjear sus respectivos plenos poderes, hallados en buena y debida forma, han convenido lo siguiente:

ART. 1. El Estado, en atención al tradicional sentimiento católico de la nación colombiana, considera la religión católica, apostólica y romana como elemento fundamental del bien común y del desarrollo integral de la comunidad nacional.

El Estado garantiza a la Iglesia católica y a quienes a ella pertenecen el pleno goce de sus derechos religiosos, sin perjuicio de la justa libertad religiosa de las demás confesiones y de sus miembros lo mismo que de todo ciudadano.

ART. 2. La Iglesia católica conservará su plena libertad e independencia de la potestad civil y por consiguiente podrá ejercer libremente toda su autoridad espiritual y su jurisdicción eclesiástica, conformándose en su gobierno y administración con sus propias leyes.

ART. 3. La legislación canónica es independiente de la civil y no forma parte de ésta, pero será respetada por las autoridades de la República.

---

* Concordato entre la Santa Sede y la República de Colombia de 12 de julio de 1973.

ART. 4. El Estado reconoce verdadera y propia personería jurídica a la Iglesia católica. Igualmente a las diócesis, comunidades religiosas y demás entidades eclesiásticas a las que la ley canónica otorga personería jurídica, representadas por su legítima autoridad.

Gozarán de igual reconocimiento las entidades eclesiásticas que hayan recibido personería jurídica por un acto de la legítima autoridad, de conformidad con las leyes canónicas. Para que sea efectivo el reconocimiento civil de estas últimas basta que acrediten con certificación su existencia canónica.

ART. 5. La Iglesia, consciente de la misión que le compete de servir a la persona humana, continuará cooperando para el desarrollo de ésta y de la comunidad por medio de sus instituciones y servicios pastorales, en particular mediante la educación, la enseñanza, la promoción social y otras actividades de público beneficio.

ART. 6. El Estado y la Iglesia colaborarán en la pronta y eficaz promoción de las condiciones humanas y sociales de los indígenas y de la población residente en zonas marginadas susceptibles de un régimen canónico especial. Una Comisión Permanente integrada por funcionarios designados por el Gobierno nacional y prelados elegidos por la Conferencia Episcopal, reglamentada de común acuerdo, programará y vigilará el desarrollo progresivo de los planes que se adopten.

Las funciones de la Comisión Permanente serán ejercidas sin perjuicio de la autoridad propia de planeación del Estado y sin que la Iglesia tenga a su cargo actividades ajenas a su naturaleza y misión.

ART. 7. El Estado reconoce plenos efectos civiles al matrimonio celebrado de conformidad con las normas del Derecho Canónico. Para la efectividad de este reconocimiento la competente autoridad eclesiástica transmitirá copia auténtica del acta al correspondiente funcionario del Estado quien deberá inscribirla en el registro civil[*].

---

[*] En virtud del Acuerdo entre la Santa Sede y la República de Colombia de 20 de noviembre de 1992, con el cual se introducen modificaciones al Concordato de 12 de julio de 1973, el artículo 7 queda de la siguiente forma: "El Estado reconoce plenos efectos civiles, en los términos que establezca la ley, al matrimonio celebrado de conformidad con las normas del Derecho Canónico. Para la efectividad de este reconocimiento, la competente autoridad eclesiástica transmitirá copia auténtica del Acta al correspondiente funcionario del Estado, quien deberá inscribirla en el Registro Civil. La Santa Sede, ante las nuevas normas introducidas en Colombia en el campo matrimonial, reafirma la doctrina de la Iglesia católica

ART. 8. Las causas relativas a la nulidad o a la disolución del víncu-lo de los matrimonios canónicos, incluidas las que se refieren a la dispensa del matrimonio rato y no consumado, son de competencia exclusiva de los Tribunales Eclesiásticos y Congregaciones de la Sede Apostólica[**].

Las decisiones y sentencias de éstas, cuando sean firmes y ejecuti-vas, conforme al Derecho Canónico, serán transmitidas al Tribunal Superior del distrito judicial territorialmente competente, el cual decretará su ejecu-ción en cuanto a efectos civiles y ordenará su inscripción en el registro civil.

ART. 9. Las Altas Partes contratantes convienen en que las causas de separación de cuerpos de los matrimonios canónicos sean tramitadas por los jueces del Estado, en primera instancia ante el Tribunal Superior respectivo y en segunda instancia ante la Corte Suprema de Justicia.

A solicitud de uno de los cónyuges la causa respectiva se suspenderá en primera instancia y por una sola vez, durante treinta días, para dar lugar a la acción conciliadora y pastoral de la Iglesia, salvo la competencia del Tribu-nal para adoptar las medidas precautelativas que estime convenientes. Venci-do el plazo el respectivo Tribunal reanudará el trámite correspondiente[***].

---

acerca de la indisolubilidad del vínculo matrimonial y recuerda a los cónyuges que han contraído matrimonio canónico el grave deber que les incumbe de no recurrir a la facultad civil de pedir el divorcio".

[**] En virtud del Acuerdo entre la Santa Sede y la República de Colombia de 20 de noviem-bre de 1992, con el cual se introducen modificaciones al Concordato de 12 de julio de 1973, el artículo 8 queda de la siguiente forma: "Las causas relativas a la nulidad de los matrimo-nios canónicos y las que se refieren a la dispensa del matrimonio rato y no consumado, son de competencia exclusiva de los Tribunales Eclesiásticos y Congregaciones de la Sede Apostólica. Las sentencias de nulidad del vínculo de los matrimonios canónicos y las deci-siones de dispensa del matrimonio rato y no consumado, cuando sean firmes y ejecutivas conforme al Derecho Canónico, serán transmitidas al Tribunal Superior de Distrito Judicial territorialmente competente, el cual decretará su ejecución en cuanto a efectos civiles y ordenará su inscripción en el Registro Civil. El matrimonio canónico que contraiga quien haya obtenido de la Iglesia disolución en favor de la fe solo podrá ser inserto en el Registro Civil, en orden al reconocimiento de los efectos civiles, cuando el contrayente recupere su estado de libertad civil, de conformidad con las normas civiles que regulan la materia. Comprobada la recuperación de dicho estado de libertad por el Tribunal Superior de Distri-to Judicial territorialmente competente, éste ordenara la inscripción del matrimonio canóni-co en el Registro Civil, con el fin de que surta plenos efectos civiles".

[***] En virtud del Acuerdo entre la Santa Sede y la República de Colombia de 20 de noviem-bre de 1992, con el cual se introducen modificaciones al Concordato de 12 de julio de 1973, el artículo 9 queda derogado.

ART. 10.1. El Estado garantiza a la Iglesia católica la libertad de fundar, organizar y dirigir bajo la dependencia de la autoridad eclesiástica centros de educación en cualquier nivel, especialidad y rama de la enseñanza, sin menoscabo del derecho de inspección y vigilancia que corresponde al Estado.

2. La Iglesia católica conservará su autonomía para establecer, organizar y dirigir facultades, institutos de ciencias eclesiásticas, seminarios y casas de formación de religiosos. El reconocimiento por el Estado de los estudios y de los títulos otorgados por dichos centros será objeto de reglamentación posterior.

ART. 11. A fin de hacer más viable el derecho que tienen las familias de escoger libremente centros de educación para sus hijos, el Estado contribuirá equitativamente, con fondos del presupuesto nacional, al sostenimiento de planteles católicos.

ART. 12. En desarrollo del derecho que tienen las familias católicas de que sus hijos reciban educación religiosa acorde con su fe, los planes educativos, en los niveles de primaria y secundaria, incluirán en los establecimientos oficiales enseñanza y formación religiosas según el Magisterio de la Iglesia. Para la efectividad de este derecho, corresponde a la competente autoridad eclesiástica suministrar los programas, aprobar los textos de enseñanza religiosa y comprobar cómo se imparte dicha enseñanza. La autoridad civil tendrá en cuenta los certificados de idoneidad para enseñar la religión, expedidos por la competente autoridad eclesiástica.

El Estado propiciará en los niveles de educación superior la creación de institutos o departamentos de ciencias superiores religiosas, donde los estudiantes católicos tengan opción de perfeccionar su cultura en armonía con su fe[****].

[****] En virtud del Acuerdo entre la Santa Sede y la República de Colombia de 20 de noviembre de 1992, con el cual se introducen modificaciones al Concordato de 12 de julio de 1973, el artículo 12 queda de la siguiente forma: "En desarrollo del derecho que tienen las familias católicas de que sus hijos reciban educación religiosa acorde con su fe, los planes educativos, en los niveles de primaria y secundaria, incluirán en los establecimientos oficiales enseñanza y formación religiosa según el Magisterio de la Iglesia. Para la efectividad de este derecho, corresponde a la competente autoridad eclesiástica suministrar los programas, aprobar los textos y comprobar cómo se imparte dicha enseñanza. La autoridad civil tendrá en cuenta los certificados de idoneidad para enseñar la religión expedidos por la competente autoridad eclesiástica. El Estado ofrecerá a los estudiantes católicos en los niveles de primaria y secundaria de los establecimientos oficiales educación religiosa impartida según el

ART. 13. Como servicio a la comunidad en las zonas marginadas, necesitadas temporalmente de un régimen canónico especial, la Iglesia colaborará en el sector de la educación oficial mediante contratos que desarrollen los programas oficiales respectivos y contemplen las circunstancias y exigencias específicas de cada lugar. Tales contratos celebrados con el Gobierno nacional se ajustarán a criterios previamente acordados entre éste y la Conferencia Episcopal, de conformidad con lo dispuesto en el artículo 6.

ART. 14. El derecho de nombrar Arzobispos y Obispos corresponde exclusivamente al Romano Pontífice. La Santa Sede antes de proceder al nombramiento de una Arzobispo y Obispo residencial, o de un Coadjutor con derecho a sucesión, que deberá recaer en ciudadano colombiano, comunicará al Presidente de la República el nombre de la persona escogida, a fin de saber si tiene objeciones de carácter civil o político. Se entenderá que ellas no existen si no las manifiesta dentro de treinta días. Estas gestiones se adelantarán por ambas partes con la mayor diligencia y reserva*****.

ART. 15. La Santa Sede podrá erigir nuevas circunscripciones eclesiásticas y modificar los límites de las existentes, cuando los creyere oportuno para el mejor desempeño de la misión de la Iglesia. Con tal finalidad informará previamente al Gobierno, acogiendo las indicaciones justas y convencionales que de él reciba.

ART. 16. La Santa Sede conviene en elevar con la mayor celeridad posible las jurisdicciones misionales a la categoría de diócesis, a medida que el desarrollo de las regiones resulte armónico con las exigencias pastorales diocesanas.

Magisterio de la Iglesia. Se eximirá de la enseñanza al alumno que en el acto de la matrícula expresamente lo solicite, bien por sí mismo si es mayor de edad o bien por medio de sus padres o curadores si es menor. La decisión del alumno no implicará revelación de sus creencias o convicciones ni dará lugar a ninguna forma de discriminación. Dicha decisión surtirá efectos durante la vinculación del estudiante al establecimiento del Estado, quedando de todas maneras a salvo el derecho del estudiante a decidir en cada período académico. El Estado propiciará en los niveles de educación superior la creación de institutos o departamentos de ciencias superiores religiosas, donde los estudiantes católicos tengan opción de perfeccionar su cultura en armonía con su fe".

***** En virtud del Acuerdo entre la Santa Sede y la República de Colombia de 20 de noviembre de 1992, con el cual se introducen modificaciones al Concordato de 12 de julio de 1973, el artículo 14 queda de la siguiente forma: "El derecho de nombrar Arzobispos, Obispos y Coadjutores con derecho de sucesión, que serán ciudadanos colombianos, corresponde libre y exclusivamente al Romano Pontífice".

ART. 17. La atención espiritual y pastoral de los miembros de las Fuerzas Armadas se ejercerá por medio de la Vicaría Castrense, según normas y reglamentos dictados al efecto por la Santa Sede, de acuerdo con el Gobierno.

ART. 18. Los clérigos y religiosos no podrán ser obligados a desempeñar cargos públicos incompatibles con su ministerio y profesión religiosa y estarán además exentos del servicio militar.

ART.19. Continuarán deferidas a los Tribunales del Estado las causas civiles de los clérigos y religiosos y las que se refieren a la propiedad y derechos temporales de las personas jurídicas eclesiásticas, como también los procesos penales contra aquellos por contravenciones y delitos ajenos al ministerio eclesiástico, sancionados por las leyes de la República. Se exceptuarán, sin embargo, los procesos penales contra los Obispos y quienes están asimilados a éstos en el Derecho Eclesiástico, que son de competencia exclusiva de la Sede Apostólica******.

ART. 20. En caso de procesos penales contra clérigos y religiosos, conocerán en primera instancia, sin intervención de Jurado, los jueces superiores o quienes los reemplacen y en segunda, los Tribunales Superiores. Al iniciarse el proceso se comunicará el hecho al Ordinario propio, el cual no pondrá obstáculo al procedimiento judicial. Los juicios no serán públicos. En la detención y arresto, antes y durante el proceso, no podrán aquellos ser recluidos en cárceles comunes, pero si fueren condenados en última instancia se les aplicará el régimen ordinario sobre ejecución de las penas.

ART. 21. Los funcionarios de las ramas jurisdiccional y ejecutiva del Estado, si fuere necesario, prestarán su colaboración en la ejecución de las providencias de los Tribunales Eclesiásticos con el fin de proteger los derechos de las personas que podrían ser lesionados por ejecución incompleta o fallida de tales providencias.

****** En virtud del Acuerdo entre la Santa Sede y la República de Colombia de 20 de noviembre de 1992, con el cual se introducen modificaciones al Concordato de 12 de julio de 1973, el artículo 19 queda de la siguiente forma: "Son de competencia de los Tribunales del Estado las causas civiles de los clérigos y religiosos y las que se refieren a la propiedad y demás derechos civiles de las personas jurídicas eclesiásticas, como también los procesos por delitos sancionados por las Leyes de la República. Será de competencia exclusiva de la Iglesia el conocimiento de las causas y procesos propios del ejercicio del ministerio eclesiástico".

ART. 22. El ejercicio ilegítimo de jurisdicción o funciones eclesiásticas por quienes carecen de misión canónica para desempeñarlas, oficialmente comunicado por la autoridad eclesiástica al competente funcionario del Estado, será considerado por éste como usurpación de funciones públicas.

ART. 23. La Iglesia católica y las demás personas jurídicas de que trata el artículo 4 del presente Concordato tienen facultad de adquirir, poseer, enajenar y administrar libremente bienes muebles e inmuebles en la forma establecida por la legislación colombiana para todos los ciudadanos, y su propiedades, fundaciones y derechos serán no menos inviolables que los pertenecientes a las demás personas naturales y jurídicas.

ART. 24. Las propiedades eclesiásticas podrán ser gravadas en la misma forma y extensión que las de los particulares. Sin embargo, en consideración a su peculiar finalidad se exceptúan los edificios destinados al culto, las curias diocesanas, las casas episcopales y curiales y los seminarios.

Los bienes de utilidad común sin ánimo de lucro, pertenecientes a la Iglesia y a las demás personas jurídicas de que trata el artículo 4 del presente Concordato, tales como los destinados a obras de culto, de educación o beneficencia se regirán en materia tributaria por las disposiciones legales establecidas para las demás instituciones de la misma naturaleza.

ART. 25. El Estado reconoce el derecho de la Iglesia a recabar libremente de los fieles contribuciones y ofrendas para el culto divino, la sustentación de sus ministros y otros fines propios de su misión.

ART. 26. Las Altas Partes contratantes unifican las obligaciones financieras adquiridas por el Estado en virtud del Concordato de 1887 y de la Convención sobre Misiones de 1953. En consecuencia reglamentarán su cuantía en forma que permita atender debidamente aquellas obligaciones. Será también reglamentada la contribución del Estado para la creación de nuevas diócesis y para el sostenimiento de las que funcionen en los anteriormente llamados territorios de misiones. El Estado concederá a las entidades eclesiásticas que reciben la llamada renta nominal la posibilidad de redimirla.

ART. 27. El Estado garantiza a la Iglesia el derecho de poseer y administrar sus propios cementerios, que estarán sometidos a la vigilancia oficial en lo referente a higiene y orden público. En los cementerios dependientes de la autoridad civil, la Iglesia podrá ejercer su ministerio en la inhumación de los católicos.

ART. 28. En defensa y promoción del patrimonio cultural colombiano la Iglesia y el Estado colaborarán en el inventario del arte religioso nacional, que incluirá monumentos, objetos de culto, archivos, bibliotecas y otros que por su valor histórico o estético sean dignos de conjunta atención para conservarse, restaurarse y exponerse con fines de educación social.

ART. 29. En la ejecución de las disposiciones contenidas en este Concordato, como en sus reglamentaciones y para resolver amistosamente eventuales dificultades relativas a su interpretación y aplicación, las Altas Partes contratantes procederán de común acuerdo.

ART. 30. El presente Concordato, salvo lo acordado en el artículo 26, deja sin vigor y efecto el que las Altas Partes contratantes firmaron en Roma el 31 de diciembre de 1887, aprobado por la Ley 35 de 1887 y los siguientes acuerdos: la Convención adicional al Concordato, firmada en Roma el 20 de julio de 1892, aprobada por la Ley 34 de 1892; los acuerdos derivados del canje de notas número 27643 del 27 de febrero de 1924, dirigida por el Secretario de Estado de su Santidad al Ministro Extraordinario y Plenipotenciario de Colombia ante la Santa Sede y la respuesta de éste del 10 de junio de 1924, que dieron origen a la Ley 54 de 1924, y la Convención sobre Misiones, firmada en Bogotá el 29 de enero de 1953.

Asimismo, quedan derogadas todas las disposiciones de las leyes y decretos que en cualquier modo se opusieran a este Concordato.

ART. 31. El presente Concordato se firma en doble ejemplar y en lenguas española e italiana, cuyos textos serán igualmente auténticos y harán fe.

ART. 32. Este Concordato entrará en vigor en la fecha del canje de las respectivas ratificaciones de las Altas Partes contratantes.

En fe de lo cual, los suscritos Plenipotenciarios firman este Concordato, en la ciudad de Bogotá, República de Colombia, a los doce días de julio de mil novecientos setenta y tres.

MODUS VIVENDI Y CONVENCIÓN ADICIONAL ENTRE LA SANTA SEDE Y LA REPÚBLICA DEL ECUADOR[*]

Su Santidad, el Pontífice Pío XI, y su Excelencia, el Señor Ingeniero Don Federico Páez, encargado del Mando Supremo de la República del Ecuador, con el deseo recíproco de establecer relaciones amistosas entre la Santa Sede y el Ecuador, han acordado celebrar un Modus Vivendi, y al efecto, su Santidad ha nombrado su Plenipotenciario a Su Excelencia Reverendísima Monseñor Fernando Cento, Arzobispo Titular de Seleucia Pieria, Nuncio Apostólico, y su Excelencia el Señor encargado del Mando Supremo de la República del Ecuador al Excelentísimo Señor Don Carlos Manuel Larrea R., Ministro de Relaciones Exteriores, quienes, canjeados sus plenos poderes respectivos, han convenido en los siguientes artículos:

ART. 1. El Gobierno ecuatoriano garantiza a la Iglesia católica en el Ecuador el libre ejercicio de las actividades que, dentro de su esfera propia, le corresponden.

ART. 2. El Gobierno del Ecuador garantiza en la República la libertad de enseñanza. La Iglesia católica tiene, pues, el derecho de fundar planteles de enseñanza, proveyéndolos de personal suficientemente idóneo, y de mantener los existentes. En consecuencia, el Gobierno se obliga a respetar el carácter propio de esos institutos; y, por su parte, la Iglesia se obliga a que ellos se sujeten a las leyes, reglamentos y programas de estudios oficiales, sin perjuicio del derecho de la Iglesia para dar, además, a dichos planteles carácter y orientación católicos. Los estudios en los seminarios dependerán de los respectivos Ordinarios y Superiores.

ART. 3. El Estado y la Iglesia católica aunarán sus esfuerzos para el fomento de las misiones en el Oriente. Procurarán, asimismo, el mejoramiento material y moral del indio ecuatoriano, su incorporación a la cultura nacional y el mantenimiento de la paz y la justicia social.

ART. 4. La Santa Sede renueva sus órdenes precisas al clero ecuatoriano, a fin de que se mantenga fuera de los Partidos y sea extraño a sus competiciones políticas.

ART. 5. Las diócesis y demás organizaciones e instituciones católicas en el Ecuador tienen el carácter de personas jurídicas llenando las for-

---

[*] Modus vivendi y Convención Adicional entre la Santa Sede y la República del Ecuador de 24 de julio de 1937.

malidades señaladas en el artículo primero, segundo, tercero, cuarto y quinto del Decreto Supremo N° 212, dictado el 21 de julio del presente año. Cumplidos los requisitos mencionados, dichas entidades gozarán de todos los derechos civiles sobre los bienes que poseían al tiempo de la expedición del Decreto N° 121, sancionado el 18 de diciembre de 1935. Los bienes de estas personas jurídicas no son enajenables a compañías extranjeras.

ART. 6. A fin de mantener las relaciones amistosas entre la Santa Sede y la República del Ecuador, cada una de las Altas Partes acreditará su Representante ante la otra. El Nuncio que nombrará Su Santidad residirá en Quito y el Plenipotenciario ecuatoriano residirá ante la Santa Sede. El Nuncio, conforme a la costumbre universal, será Decano del Cuerpo Diplomático.

ART. 7. Corresponde a la Santa Sede la elección de Obispos. Pero, en virtud de este Convenio, comunicará previamente al Gobierno ecuatoriano el nombre de la persona preelegida para Arzobispo, Obispo o Coadjutor con derecho a sucesión, a fin de proceder de común acuerdo a comprobar que no hay razones de carácter político general que obsten a al nombramiento. Las diligencias correspondientes se llevarán a cabo con la mayor solicitud y reserva para ambas partes. Transcurrido un mes desde la comunicación hecha al Gobierno, se interpretará el de éste en el sentido de que no tiene objeción alguna para el nombramiento.

ART. 8. En cada diócesis formará el Ordinario una Comisión para la conservación de las iglesias y locales eclesiásticos que fueren declarados por el Estado monumentos de arte y para el cuidado de las antigüedades, cuadros, documentos y libros de de pertenencia de la Iglesia que poseyeren valor artístico o histórico. Tales objetos no podrán enajenarse ni exportarse del país. Dicha Comisión, junto con un representante del Gobierno, procederá a formar un detallado inventario de los referidos objetos.

ART. 9. En la interpretación de las cláusulas precedentes y en la resolución de cualquier otro asunto que les interese recíprocamente, las Altas partes contratantes procederán con el mismo criterio de amistosa inteligencia que ha inspirado el presente Modus Vivendi.

ART. 10. Este Convenio regirá desde la fecha en que se verifique el cambio de notas por las cuales será aprobado. En fe de lo cual, los referidos Plenipotenciarios firman y sellan con sus respectivos sellos el presente Modus Vivendi, en italiano y en castellano, y en doble ejemplar, en la Ciudad de Quito, Capital de la República del Ecuador, a los veinticuatro días del mes de julio del año de mil novecientos treinta y siete.

CONVENIO ADICIONAL

ART. I. La Santa Sede y el Gobierno del Ecuador dejan constancia de que el artículo 4 del referido Modus Vivendi en nada menoscaba la plena e incontestable libertad que asiste al clero para predicar, exponer y defender la doctrina dogmática y moral católica.

ART. II. Los boletines eclesiásticos, órganos de publicidad de las distintas diócesis, destinados a la divulgación de los documentos pontificios y episcopales y a la exposición y defensa de la doctrina dogmática y moral católica podrán publicarse y circular sin restricción alguna.

ART. III. Caso de que el Gobierno, por motivos de necesidad pública, quisiere ocupar algún monasterio, proporcionará a la respectiva comunidad religiosa un local adecuado, de preferencia fuera del centro de la ciudad, poniéndose previamente de acuerdo para ello con el Nuncio Apostólico. El local deberá tener las comodidades necesarias para el objeto a que se destina y a la vida contemplativa que llevan.

ART. IV. En reemplazo de la pensión individual que actualmente da el Estado a los religiosos que integran las comunidades cuyas haciendas fueron nacionalizadas, el Gobierno del Ecuador entregará a Su Excelencia el Nuncio Apostólico, para que la divida proporcionalmente entre las mismas Comunidades, la suma de un millón quinientos mil sucres, que se pagará en la forma siguiente: novecientos mil sucres en cédulas del Banco Hipotecario del Ecuador, del seis por ciento anual de interés y exentas del impuesto a la renta, cédulas que serán entregadas en el plazo de ocho días contados desde la fecha en que recibiere el Gobierno la noticia de la aprobación del presente Convenio por la Santa Sede, y los seiscientos mil sucres en dinero, en tres dividendos iguales, que se satisfarán: el primero, en el mismo plazo de ocho días, el segundo, el 1 de febrero de mil novecientos treinta y ocho, y, el tercero, el 1 de agosto del mismo año.

Hasta la satisfacción total de la indicada suma con que se sustituyen las pensiones individuales, las Juntas de Asistencia Pública seguirán pagando íntegramente a los religiosos tales pensiones.

ART. V. La Santa Sede, en consideración de las garantías que se le reconocen en el Modus Vivendi y de la sustitución establecida en el artículo anterior, renuncia a toda reclamación por las haciendas nacionalizadas de las comunidades religiosas, y otorga, para tranquilizar las conciencias, plena condonación a todos los que, a consecuencia de tal nacionalización, poseyeran bienes de dichas comunidades. Al efecto, la Santa Sede dará a los Ordinarios las debidas instrucciones. En fe de lo cual, los Plenipotenciarios de las Partes, firman en Quito, en doble ejemplar, el veinticuatro de julio de mil novecientos treinta y siete.

CONCORDATO ENTRE PÍO IX Y LA REPÚBLICA DE HAITÍ*

Entre SS. el Soberano Pontífice Pío IX y su Excelencia el Presidente de la República de Haití, Fabre Geffrard, con el deseo de organizar y regular convenientemente el ejercicio de la religión católica, apostólica y romana en la República de Haití, han elegido para Ministros Plenipotenciarios.

SS. el Soberano Pontífice Pío IX, a su Eminencia el Cardenal Santiago Antonelli, Secretario de Estado, etc.

Su Excelencia el Presidente de Haití Fabre Geffrard a Monsieur Pierre Faubert, antiguo ayuda de campo y Secretario del Presidente de Haití, y a J.P. Boyen, antiguo Ministro del Gobierno haitiano ante el Gobierno francés.

Dichos Plenipotenciarios, después del canje de sus plenos poderes respectivos, han estipulado el convenio siguiente:

ART. 1. La religión católica, apostólica, romana, que es la religión de la gran mayoría de los haitianos, será especialmente protegida, lo mismo que sus ministros, en la República de Haití, y disfrutará de los derechos y atributos que le son propios.

ART. 2. La ciudad de Porto Príncipe, capital de la República de Haití, es erigida en arzobispado. Serán establecidas otras diócesis dependientes de esta metrópoli cuanto antes sea posible, lo mismo que otros arzobispados y obispados, si es necesario, y las circunscripciones serán reguladas por la Santa Sede de acuerdo con el Gobierno de Haití.

ART. 3. El Gobierno de la República de Haití se obliga a acordar y mantener para los Arzobispos y Obispos un régimen anual conveniente sobre los fondos del Tesoro público.

ART. 4. El Presidente de Haití disfrutará del privilegio de nombrar a los Arzobispos y Obispos, y si la Santa Sede encontrase en ellos las cualidades requeridas por los sagrados cánones, les dará la institución canónica. Se entiende que los eclesiásticos nombrados para los arzobispados y obispados no podrán ejercer su jurisdicción antes de haber recibido la institución canónica; y en el caso en que la Santa Sede creyese deber aplazar o no conferir esta institución, informará de ello al Presidente de Haití, el cual, en este último caso, nombrará a otro eclesiástico.

---

* Concordato entre Pío IX y la República de Haití de 28 de marzo de 1860.

ART. 5. Los Arzobispos y los Obispos, antes de entrar en el ejercicio de su ministerio pastoral, prestarán directamente en manos del Presidente de Haití el juramento siguiente: "Yo juro y prometo a Dios, sobre los Santos Evangelios, como conviene a un Obispo, guardar obediencia y fidelidad al Gobierno establecido por la Constitución de Haití y no acometer nada ni directa ni indirectamente que sea contrario a los derechos y a los intereses de la República".

Los vicarios generales, los párrocos y los coadjutores de las parroquias, así como todos los demás miembros de la jerarquía eclesiástica y todos los superiores de escuelas o instituciones religiosas, prestarán, antes de ejercer su oficio, entre las manos de la autoridad civil designada por el Presidente de Haití, el mismo juramento que el de los Arzobispos y Obispos.

ART. 6. El Arzobispo u Obispo podrá instituir para el bien de la diócesis, después de ponerse previamente de acuerdo con el Presidente de Haití o sus delegados, un cabildo compuesto de un número conveniente de canónigos, conforme a las disposiciones canónicas.

ART. 7. En los seminarios mayores o menores que, según necesidad, podrán ser erigidos el régimen, la administración y la instrucción, se regularán conforme a las leyes canónicas por los Arzobispos o los Obispos, que nombrarán libremente a los superiores, directores y profesores de estos establecimientos.

ART. 8. Los Arzobispos y Obispos nombrarán sus Vicarios generales. En el caso de muerte o de dimisión del Arzobispo o del Obispo diocesano, la diócesis será administrada por el Vicario General que el uno o el otro hayan designado como tal; y, en defecto de esta designación, por aquel que fuere más antiguo en el oficio de vicario general. Todos los demás, si los hay, ejercerán sus funciones bajo la dependencia de este Vicario, y ello en virtud del poder extraordinario acordado a este efecto por la Santa Sede. Esta disposición estará en vigor en tanto no haya un cabildo catedral, y cuando existiera el cabildo, este será el que nombre al Vicario capitular, conforme a las prescripciones canónicas.

ART. 9. Los Arzobispos y Obispos nombrarán los párrocos y los coadjutores de las parroquias, lo mismo que los miembros de los cabildos, que podrán ser instituidos; y estos nombramientos se harán conforme a las leyes canónicas. Ellos examinarán las letras de ordenación, las dimisorias y las licencias, lo mismo que las otras cartas testimoniales de los eclesiásticos extranjeros que entren en la República para ejercer el sagrado ministerio.

ART. 10. Los Arzobispos y los Obispos, para el régimen de sus iglesias, serán libres de ejercer todo lo que está dentro de las atribuciones de su ministerio pastoral, según las reglas canónicas.

ART. 11. Si fuera necesario establecer cambios en la circunscripción actual de las parroquias o erigir nuevas, los Arzobispos y Obispos proveerán a ello, concertándose previamente con el Presidente de Haití o sus delegados.

ART. 12. En interés y para provecho espiritual del país, se podrán admitir Órdenes y fundar establecimientos religiosos aprobados por la Iglesia. Todos estos establecimientos serán instituidos por los Arzobispos o los Obispos de acuerdo con el Presidente de Haití o sus delegados.

ART. 13. No se pondrá ninguna traba a la libre correspondencia de los Obispos, del clero y de los fieles en Haití con la Santa Sede sobre las materias de religión, lo mismo que de los Obispos con sus diocesanos.

ART. 14. Los fondos curiales no serán empleados en cada parroquia más que para gastos del culto y de sus ministros, lo mismo que para los gastos de los seminarios y otros establecimientos piadosos. La administración de estos fondos será confiada, bajo la alta dependencia del Arzobispo o del Obispo diocesano, al cura de la parroquia o al director del Consejo de Notables, los cuales escogerán un cajero entre los ciudadanos del lugar.

ART. 15. La fórmula siguiente de plegaria será rezada o cantada al fin del oficio divino en todas las iglesias católicas de Haití:

"Señor, salva la República con nuestro Presidente N..."

"Y óyenos el día en que te invocáremos".

ART. 16. Se ha declarado de parte del Presidente de Haití, y queda bien entendido de parte de la Santa Sede, que la ejecución de todo cuanto se ha estipulado en el presente Concordato no podrá ser impedida por ninguna disposición de las leyes de la República de Haití o ninguna interpretación contraria de dichas leyes o de usos en vigor.

ART. 17. Todos los puntos concernientes a materias eclesiásticas no mencionados en el presente Concordato serán regulados conforme a la disciplina en vigor en la Iglesia, aprobada por la Santa Sede.

ART. 18. El presente Concordato será de una y otra parte ratificado, y el cambio de ratificaciones tendrá lugar en Roma o en París, en el término de seis meses o antes, si es posible.

ACUERDO ENTRE LA SANTA SEDE Y LA REPÚBLICA DEL PERÚ*

La Santa Sede y la República del Perú, deseosas de seguir garantizando de manera estable y más conforme a las nuevas condiciones históricas la tradicional y fecunda colaboración entre la Iglesia católica, apostólica, romana y el Estado peruano para el mayor bien de la vida religiosa y civil de la nación, han determinado celebrar un Acuerdo sobre materia de común interés.

A este fin su Santidad el Sumo Pontífice Juan Pablo II y su Excelencia el General D. Francisco Morales Bermúdez Cerrutti, Presidente de la República del Perú, han nombrado sus Plenipotenciarios, respectivamente, a su Excelencia Reverendísima Monseñor Mario Tagliaferri, Nuncio Apostólico del Perú, y al Excelentísimo Señor Embajador Dr. Arturo García, Ministro de Relaciones Exteriores, quienes, después de haber canjeado sus respectivos plenos poderes, hallados en buena y debida forma, han convenido en lo siguiente:

ART. 1. La Iglesia católica en el Perú goza de plena independencia y autonomía. Además, en reconocimiento a la importante función ejercida en la formación histórica, cultural y moral del país, la misma Iglesia recibe del Estado la colaboración conveniente para la mejor realización de su servicio a la comunidad nacional.

ART. 2. La Iglesia católica en el Perú continúa gozando de la personería jurídica de carácter público, con plena capacidad y libertad para la adquisición y disposición de bienes, así como para recibir ayudas del exterior.

ART. 3. Gozan también de tal personería y capacidad jurídica, la Conferencia Episcopal Peruana, los Arzobispados, Obispados, Prelaturas y Vicariatos Apostólicos existentes, y los que posteriormente puedan crear la Santa Sede.

ART. 4. La personería y capacidad jurídicas de tales jurisdicciones eclesiásticas comprenden también a los Cabildos Eclesiásticos, a los Seminarios Diocesanos, y a las Parroquias y Misiones dependientes de aquellas.

ART. 5. Ninguna parte del territorio peruano dependerá de diócesis cuya sede esté en el extranjero, y las diócesis establecidas en territorio peruano no se extenderán más allá de las fronteras nacionales.

---

* Acuerdo entre la Santa Sede y la República del Perú de 19 de julio de 1980.

ART. 6. La Santa Sede comunicará al Presidente de la República la creación de cualquier diócesis o jurisdicción eclesiástica, sin cuya notificación no gozarán de la situación jurídica que le reconoce el numeral III de este acuerdo. Trámite similar se realizará para la supresión de jurisdicciones eclesiásticas.

ART. 7. Nombrado un eclesiástico por la Santa Sede para ocupar algún cargo de Arzobispo u Obispo o Coadjutor con derecho a sucesión, Prelado o Vicario Apostólico, o para regir alguna diócesis temporalmente, la Nunciatura Apostólica comunicará el nombre del mismo al Presidente de la República antes de su publicación; producida ésta el Gobierno le dará el correspondiente reconocimiento para los efectos civiles.

Los Arzobispos y Obispos residenciales serán ciudadanos peruanos.

ART. 8. El sistema de subvenciones para las personas, obras y servicios de la Iglesia católica seguirá como hasta ahora. Las asignaciones personales no tienen el carácter de sueldo ni de honorarios, por tanto no constituyen renta sujeta a tributación.

ART. 9. Las órdenes y congregaciones religiosas y los institutos seculares podrán organizarse como asociaciones, conforme al Código civil peruano, respetándose su régimen canónico interno.

ART. 10. La Iglesia católica y las jurisdicciones y comunidades religiosas que la integran continuarán gozando de las exoneraciones y beneficios tributarios y franquicias que les otorgan las leyes y normas legales vigentes.

ART. 11. Consideradas las creencias religiosas de la mayoría nacional, el Estado continúa garantizando que se preste por parte del Vicariato Castrense la asistencia religiosa a los miembros de la Fuerzas Armadas, Fuerzas Policiales y a los servidores civiles de aquellos que sean católicos.

ART. 12. El presente Vicario Castrense, así como todos los capellanes actualmente en servicio, o en situación de retiro, conservan sus grados y prerrogativas.

ART. 13. En el futuro, ni el Vicario Castrense, ni los capellanes dependientes de él, tendrán asimilación a grado militar ni a la jerarquía policial. Al Vicario Castrense le serán reconocidas las prerrogativas propias de un General de Brigada, y a los Capellanes las de un Capitán o su equivalente, según el Instituto Armado o Policial en que él sirviere.

ART. 14. Los Capellanes Castrenses tendrán derecho a promociones similares al que tienen los empleados civiles de los Institutos Armados o Policiales.

ART. 15. El Vicario Castrense, por las peculiares circunstancias en que deberá ejercer su servicio, será peruano de nacimiento y teniendo en cuenta su condición episcopal, será nombrado por la Santa Sede, de acuerdo con el Presidente de la República.

ART. 16. Los Capellanes Castrenses, de preferencia peruanos, por su condición de sacerdotes, serán nombrados por el Vicario Castrense, y reconocidos por los Comandos Generales de los Institutos Armados y Direcciones Superiores de los Institutos Policiales.

ART. 17. Los Capellanes Castrenses en lo posible serán tomados del Clero de la diócesis en cuyo territorio se encuentra la Unidad Militar en la que prestarán servicios, y los cambios de colocación se harán previo acuerdo del Vicario Castrense con el Obispo del lugar, para su posterior presentación a los Comandos Generales o Direcciones Superiores.

ART. 18. El Estado garantiza que se preste asistencia religiosa a los católicos internados en los centros sanitarios y de tutela a su cargo, así como en los establecimientos penitenciarios.

Para el ejercicio de las capellanías de tales obras y centros se requiere contar con nombramiento eclesiástico, sin que sea exigible el requisito de nacionalidad; efectuado éste, será presentado a la autoridad competente para los efectos subsiguientes. Los Capellanes forman parte del Servicio Civil del Estado, con todos los derechos y obligaciones, incluida la Seguridad Social.

ART. 19. La Iglesia tiene plena libertad para establecer centros educacionales de todo nivel, de conformidad con la legislación nacional, en el ámbito de la educación particular. Los eclesiásticos que prestan servicio en la educación pública tienen, sin que sea exigible el requisito de nacionalidad, al amparo del artículo 65 del Decreto Ley N° 22875, los mismos derechos que los demás maestros. Para el nombramiento civil de los profesores de religión católica de los centros educacionales públicos, en los que continuará impartiéndose, como materia ordinaria, la enseñanza religiosa, se requiere presentación del Obispo respectivo. El profesor de religión podrá ser mantenido en su cargo mientras goce de la aprobación del Obispo.

ART. 20. Los Seminarios diocesanos y los Centros de formación de las comunidades religiosas serán reconocidos como centros educativos del segundo ciclo de la Educación Superior, de conformidad con el artículo 154 del Decreto Ley N° 19326 (Ley General de Educación) mediante una certificación de reconocimiento expedida por la Conferencia Episcopal Peruana.

Dichas entidades de conformidad con el artículo 163 de la citada Ley General de Educación, otorgarán los títulos propios a nombre de la nación.

ART. 21. Las eventuales diferencias que pudieran presentarse acerca del contenido del presente Acuerdo u otros puntos que pudiesen darse se resolverán amistosamente entre las Partes.

ART. 22. El presente Acuerdo entrará en vigencia en la fecha del canje de los instrumentos de ratificación.

En fe de lo cual los Plenipotenciarios firman y sellan el presente Acuerdo, en doble ejemplar, en la ciudad de Lima, el día diecinueve de julio de mil novecientos ochenta.

ACUERDO ENTRE LA SANTA SEDE Y LA REPÚBLICA DOMINICANA*

La Santa Sede apostólica y la República Dominicana, animadas del deseo de asegurar una fecunda colaboración para el mayor bien de la vida religiosa y civil de la nación dominicana, han determinado estipular un Concordato que constituya la norma que ha de regular las recíprocas relaciones de las Altas Partes contratantes, en conformidad con la Ley de Dios y la tradición católica de la República Dominicana.

A este fin su Santidad el Sumo Pontífice Pío XII ha nombrado por su Plenipotenciario a:

Su Excelencia Reverendísima Monseñor Domenico Tardini, Pro-Secretario de Estado para los asuntos eclesiásticos extraordinarios, y su Excelencia el Presidente de la República Dominicana ha nombrado por su Plenipotenciario a:

Su Excelencia el Generalísimo Dr. Rafael Leonidas Trujillo Molina.

Ambos Plenipotenciario, después de confrontar sus respectivos plenos poderes y hallarlos en debida forma expedidos, acordaron lo siguiente:

ART. 1. La religión católica, apostólica, romana sigue siendo la de la nación dominicana y gozará de los derechos y de las prerrogativas que le corresponden en conformidad con la Ley divina y el Derecho Canónico.

ART. 2.1. El Estado Dominicano reconoce la personalidad jurídica internacional de la Santa Sede y del Estado de la Ciudad del Vaticano.

2. Para mantener, en la forma tradicional, las relaciones amistosas entre la Santa Sede y el Estado Dominicano, continuarán acreditados un Embajador de la República Dominicana cerca de la Santa Sede y un Nuncio Apostólico en Ciudad Trujillo. Este será el Decano del Cuerpo Diplomático, en los términos del derecho consuetudinario.

ART. 3.1. El Estado dominicano reconoce a la Iglesia católica el carácter de sociedad perfecta y le garantiza el libre y pleno ejercicio de su poder espiritual y de su jurisdicción, así como el libre y público ejercicio del culto.

2. En particular, la Santa Sede podrá sin impedimento promulgar y publicar en la República Dominicana cualquier disposición relativa al go-

---

* Concordato entre la Santa Sede y la República Dominicana de 16 de junio de 1954.

bierno de la Iglesia y comunicarse con los Prelados, el clero y los fieles del país, de la misma manera que éstos podrán hacerlo con la Santa Sede.

Gozarán de las mismas facultades los Ordinarios y las otras Autoridades eclesiásticas en lo referente a su clero y fieles.

ART. 4.1. El Estado dominicano reconoce la personalidad jurídica a todas las instituciones y asociaciones religiosas, existentes en la República Dominicana a la entrada en vigor del presente Concordato, constituidas según el Derecho Canónico; en particular a las diócesis y a la prelatura *nullius* con sus instituciones anejas, a las parroquias, a las órdenes y congregaciones religiosas; a las sociedades de vida común y a los Institutos seculares de perfección cristiana canónicamente reconocidos, sean de Derecho pontificio o de Derecho diocesano, a sus provincias y a sus casas.

Las Autoridades eclesiásticas competentes comunicarán al departamento correspondiente del Gobierno dominicano la lista de las instituciones y asociaciones religiosas que se acaban de mencionar, dentro de los dos meses que sigan a la ratificación de este Concordato.

2. Gozarán de igual reconocimiento las entidades de la misma naturaleza que sean ulteriormente erigidas o aprobadas en la República Dominicana por las Autoridades eclesiásticas competentes, con la sola condición de que el decreto de erección o de aprobación sea comunicado oficialmente por escrito a las Autoridades competentes del Estado.

ART. 5.1. Cuando la Santa Sede proceda al nombramiento de un Arzobispo u Obispo residencial o su Coadjutor con derecho a sucesión, comunicará al Gobierno dominicano el nombre de la persona escogida, a fin de saber si contra ella existen objeciones de carácter político general. El silencio del Gobierno, pasados treinta días a contar de la precitada comunicación, se interpretará en el sentido de que no existe objeción. Todas estas gestiones se conducirán en el más estricto secreto.

2. Al hacer las designaciones de Arzobispo y Obispos, el Santo Padre tendrá en cuenta a los sacerdotes, idóneos para estas funciones, que sean ciudadanos dominicanos. Sin embargo, el Santo Padre podrá, cuando lo juzgue necesario y conveniente para el mayor bien religioso del País, por razón de la escasez de sacerdotes dominicanos, elegir para tal dignidad otros sacerdotes, que no sean de nacionalidad dominicana.

ART. 6.1. La organización y circunscripción eclesiástica, del territorio de la República Dominicana queda constituida así: arquidiócesis Metropolitana de Santo Domingo; diócesis de Santiago de los Caballeros; diócesis de La Vega; prelatura *nullius* de San Juan de la Maguana.

2. Para la erección de una nueva Diócesis o Prelatura *nullius* y para otros cambios de circunscripciones diocesanas que pudieran juzgarse necesarias, la Santa Sede se pondrá previamente de acuerdo con el Gobierno dominicano, salvo si se tratase de mínimas rectificaciones de territorio reclamadas por el bien de las almas.

ART. 7.1. El Gobierno dominicano se compromete a construir la Iglesia Catedral o Prelaticia y los edificios adecuados que sirvan de habitación del Obispo o Prelado *nullius* y de oficinas de la Curia, en las diócesis y prelatura *nullius* actualmente existentes que lo necesiten, y en las que se establezcan en el futuro.

2. Además el Gobierno asegura a la Arquidiócesis de Santo Domingo y a cada Diócesis o Prelatura *nullius* actualmente existentes o que se erijan en el futuro una subvención mensual para los gastos de administración y para las iglesias pobres.

ART. 8. Al Arzobispo de Santo Domingo corresponde el título de Primado de Indias de acuerdo con la Bula de Pío VII *Divinis praeceptis* del 28 de noviembre de 1816.

Se confirman a la Iglesia Metropolitana de Santo Domingo el título, los derechos y privilegios de Basílica Menor, que le otorgó Benedicto XV en su Breve *Inter Americae* del 14 de junio de 1920.

ART. 9.1. La erección, modificación o supresión de parroquias, beneficios y oficios eclesiásticos, así como el nombramiento del Vicario General, oficiales de la curia, párrocos y todo sacerdote o funcionario encargado de cualquier oficio eclesiástico serán hechos por las Autoridades eclesiásticas competentes, ciñéndose a las disposiciones del Derecho Canónico. Sin embargo las Autoridades eclesiásticas correspondientes comunicarán al Gobierno con la mayor rapidez el nombramiento del Vicario General, de los párrocos y, en caso de vacancia de una parroquia, del vicario encargado de la misma. Al hacer estas designaciones, las Autoridades eclesiásticas preferirán, a ser posible, a sacerdotes idóneos que sean ciudadanos dominicanos.

2. La eventual objeción del Gobierno al comportamiento de un funcionario eclesiástico será objeto de consideración y decisión por las Autoridades eclesiásticas competentes.

ART. 10.1. Las Autoridades eclesiásticas podrán usar los servicios y la cooperación del clero extranjero, secular o religioso, y confiar a sacerdotes extranjeros dignidades, oficios y beneficios eclesiásticos, cuando lo juzguen conveniente para el bien del país o de su diócesis o prelatura.

2. Los sacerdotes, religiosos y religiosas extranjeros, que la Autoridad eclesiástica invite al país para ejercer su ministerio o desenvolver las actividades de su apostolado, estarán exentos de cualquier tasa o impuesto de inmigración.

3. Los Superiores generales y provinciales de las órdenes y congregaciones religiosas, que residen fuera del territorio dominicano, aunque sean de otra nacionalidad, tienen el derecho de visitar, por sí o por otras personas, sus casas religiosas situadas en la República Dominicana.

ART. 11.1. Los eclesiásticos gozarán en el ejercicio de su ministerio de una especial protección del Estado.

2. Los eclesiásticos no podrán ser interrogados por jueces u otras autoridades sobre hechos o cosas cuya noticia les haya sido confiada en el ejercicio del sagrado ministerio y que por lo tanto caen bajo el secreto de su oficio espiritual.

3. Los clérigos y los religiosos no estarán obligados a asumir cargos públicos o funciones que, según las normas del Derecho Canónico, sean incompatibles con su estado.

Para poder ocupar otros empleos o cargos públicos, necesitarán el *Nihil obstat* de su Ordinario propio y del Ordinario del lugar donde hubieren de desempeñar su actividad. Revocado el *Nihil obstat,* no podrán continuar ejerciéndolos.

ART. 12. Los clérigos, los seminaristas de filosofía y teología y los religiosos, ya sean profesos o novicios, están exentos del servicio militar, salvo el caso de movilización general.

En caso de movilización general, los sacerdotes prestarán el servicio militar en forma de asistencia religiosa; los demás clérigos y religiosos serán enviados a las organizaciones sanitarias y de la Cruz Roja.

Estarán exentos del servicio militar, aún en el caso de movilización general, los Obispos, los sacerdotes que tengan cura de almas, como los párrocos y coadjutores, y los sacerdotes necesarios al servicio de las curias diocesanas o prelaticias y de los seminarios.

ART. 13. En caso de que se levante acusación penal contra alguna persona eclesiástica o religiosa, la Jurisdicción del Estado apoderada del asunto deberá informar oportunamente al competente Ordinario del lugar y transmitir al mismo los resultados de la instrucción, y, en caso de darse, comunicarle la sentencia tanto en primera instancia como en apelación, revisión o casación.

En caso de detención o arresto el eclesiástico o religioso será tratado con el miramiento debido a su estado y a su grado.

En el caso de condena de un eclesiástico o de un religioso, la pena se cumplirá, en cuanto sea posible, en un local separado del destinado a los laicos, a menos que el Ordinario competente hubiese reducido al estado laical al condenado.

ART. 14. El uso del hábito eclesiástico o religioso por personas eclesiásticas o religiosas a quienes haya sido prohibido por orden de las competentes Autoridades eclesiásticas, oficialmente comunicada a las Autoridades del Estado, así como el uso abusivo del mismo hábito por otras personas, será castigado con las mismas penas previstas para el caso de uso abusivo del uniforme militar. Será castigado en los mismos términos el ejercicio abusivo de jurisdicción o funciones eclesiásticas.

ART. 15.1. La República Dominicana reconoce plenos efectos civiles a cada matrimonio celebrado según las normas del Derecho Canónico.

2. En armonía con las propiedades esenciales del matrimonio católico queda entendido que, por el propio hecho de celebrar matrimonio católico, los cónyuges renuncian a la facultad civil de pedir el divorcio, que por esto mismo no podrá ser aplicado por los tribunales civiles a los matrimonios canónicos.

ART. 16.1. Las causas concernientes a la nulidad del matrimonio canónico y la dispensa del matrimonio rato y no consumado, así como el procedimiento relativo al Privilegio Paulino, quedan reservados a los Tribunales y a los Órganos eclesiásticos competentes.

La Santa Sede consiente que las causas matrimoniales de separación de los cónyuges sean juzgadas por los Tribunales civiles.

2. Las decisiones y sentencias de los Órganos y Tribunales eclesiásticos, cuando sean definitivas, se elevarán al Supremo Tribunal de la Signatura Apostólica para su comprobación y serán transmitidas después, con los respectivos decretos de dicho Supremo Tribunal, por vía diplomática al Tri-

bunal dominicano competente, que las hará efectivas y mandará que sean anotadas en los registros civiles al margen del acta del matrimonio.

ART. 17. El Estado dominicano garantiza la asistencia religiosa a las Fuerzas Armadas de tierra, mar y aire y a este efecto se pondrá de acuerdo con la Santa Sede para la organización de un cuerpo de capellanes militares, con graduación de oficiales, bajo la jurisdicción del Arzobispo Metropolitano en lo que se refiere a su vida y ministerio sacerdotal, y sujetos a la disciplina de las fuerzas armadas en lo que se refiere a su servicio militar.

ART. 18. El Estado tendrá por festivos:

1) Los días de precepto establecidos en toda la Iglesia por el Código de Derecho Canónico, es decir:

–Todos los domingos.

–Las fiestas de Circuncisión (1 de enero), Epifanía (día de Reyes, 6 de enero), San José (19 de marzo), Ascensión, Corpus Christi, Santos Apóstoles Pedro y Pablo (29 de junio), Asunción (15 de agosto), Todos los Santos (1 de noviembre), Inmaculada Concepción (8 de diciembre), Navidad de Nuestro Señor Jesucristo (25 de diciembre).

2) Además los días de precepto establecidos en la República Dominicana, es decir:

–Festividad de Ntra. Sra. de la Altagracia (21 de enero).
–Festividad de Ntra. Sra. de las Mercedes (24 de septiembre).

El Estado dará en su legislación las facilidades necesarias para que los fieles puedan cumplir en esos días sus deberes religiosos.

Las Autoridades civiles, tanto nacionales como locales, velarán por la debida observancia del descanso en los días festivos.

ART. 19.1. El Gobierno dominicano facilitará la necesaria asistencia religiosa a los establecimientos nacionales, como son los colegios, los hospitales, los asilos de ancianos o de niños, las cárceles, etc.

A tal fin, si el establecimiento no tiene capellán propio, el Estado permitirá el libre acceso y el ejercicio de la asistencia espiritual en dicho establecimiento al párroco del lugar o al sacerdote encargado por el Ordinario competente.

2. En los asilos, orfanatos, establecimientos o instituciones oficiales de educación, corrección y reforma de menores dependientes del Estado, se enseñará la religión católica y se asegurará la práctica de sus preceptos.

3. El Gobierno dominicano, cuando sea posible, confiará a religiosos y religiosas la dirección de los hospitales, asilos y orfanatos y otras instituciones nacionales de caridad. La Santa Sede, por su parte, favorecerá tal proyecto.

ART. 20.1. La Iglesia podrá libremente fundar seminarios o cualesquiera otros institutos de formación o de cultura eclesiástica; su régimen no estará sujeto a la fiscalización del Estado.

2. Los títulos, grados, certificados y comprobaciones escolares otorgados por tales centros tendrán la misma fuerza que los concedidos por los establecimientos del Estado en el orden correspondiente.

En vista de ello la Autoridad eclesiástica comunicará a la competente Autoridad del Estado los textos adoptados en dichas instituciones para la enseñanza de las disciplinas que no sean teológicas y filosóficas.

3. Los grados académicos adquiridos en las Universidades o Institutos Pontificios de Altos Estudios serán reconocidos en la República Dominicana, para todos sus efectos civiles, como los grados conferidos y reconocidos por el Estado.

ART. 21.1. El Estado dominicano garantiza a la Iglesia católica la plena libertad de establecer y mantener, bajo la dependencia de la Autoridad eclesiástica, escuelas de cualquier orden y grado. En consideración de la utilidad social que de ellas deriva a la nación, el Estado las amparará y procurará ayudarlas también mediante congruas subvenciones.

La enseñanza religiosa en dichas escuelas siempre será organizada e impartida libremente por la Autoridad eclesiástica.

2. Los certificados y comprobaciones escolares otorgados por los establecimientos de enseñanza primaria dependientes de la Autoridad eclesiástica tendrán la misma fuerza que los otorgados por los correspondientes establecimientos del Estado.

3. Los exámenes y pruebas de aprovechamiento para la concesión de certificados y títulos oficiales de estudio a los alumnos de las escuelas secundarias y normales dependientes de la Autoridad eclesiástica se celebrarán, a petición de ésta, en los mismos establecimientos, por medio de comisiones especiales compuestas, al menos parcialmente, por docentes del plantel.

ART. 22.1. La enseñanza suministrada por el Estado en las escuelas públicas estará orientada por los principios de la doctrina y de la moral católica.

2. En todas las escuelas públicas primarias y secundarias se dará enseñanza de la religión y moral católicas —según programas fijados de común acuerdo con la competente Autoridad eclesiástica— a los alumnos cuyos padres, o quienes hagan sus veces, no pidan por escrito que sean exentos.

3. Para dicha enseñanza sólo se utilizarán textos previamente aprobados por la Autoridad eclesiástica, y el Estado nombrará maestros y profesores que tengan un certificado de idoneidad expedido por el Ordinario competente. La revocación de tal certificado les priva, sin más, de la capacidad para la enseñanza religiosa.

En la designación de estos maestros y profesores el Estado tendrá en cuenta las sugestiones de la Autoridad eclesiástica y, en las escuelas secundarias y normales, cuando haya sacerdotes y religiosos en número suficiente y los proponga el Ordinario del lugar, les dará la preferencia sobre los seglares.

4. El párroco, por sí o por su delegado, tendrá acceso a las escuelas primarias para dar lecciones catequísticas periódicas.

5. Los Ordinarios de los lugares podrán cerciorarse, por sí mismos o por sus delegados, mediante visitas a las escuelas, del modo como se da la enseñanza de la religión y moral.

6. El Estado cuidará de que en las instituciones y servicios de información que estén a su cargo, y en particular en los programas de radiodifusión y televisión, se dé el conveniente puesto a la exposición y defensa de la verdad religiosa, por medio de sacerdotes y religiosos designados de acuerdo con el Ordinario competente.

ART. 23.1. El Estado dominicano reconoce a las instituciones y asociaciones religiosas, de quienes trata el artículo 4, la plena capacidad de adquirir, poseer y administrar toda clase de bienes.

2. La gestión ordinaria y extraordinaria de los bienes pertenecientes a entidades eclesiásticas o asociaciones religiosas y la vigilancia e inspección de dicha gestión de bienes corresponderán a las Autoridades competentes de la Iglesia.

3. La República Dominicana reconoce y garantiza la propiedad de la Iglesia sobre los bienes muebles e inmuebles que el Estado reconoció como pertenecientes a ella con la Ley n. 117 del 20 de abril de 1931, aclarada por Ley n. 390 del 16 de septiembre de 1943, así como los bienes que, después de tal fecha, la Iglesia ha legítimamente adquirido o adquiera, incluidos los que han sido o sean declarados monumentos nacionales.

La República Dominicana declara propiedad de la Iglesia también todos los templos y otros edificios con fines eclesiásticos que el Estado ha venido construyendo desde el año 1930 y construya en adelante.

4. La Iglesia puede recibir cualquiera donación destinada a la realización de sus fines, y organizar colectas especialmente en el interior o a la puerta de los templos y de los edificios y lugares que le pertenezcan.

ART. 24.1. Los edificios sagrados, los seminarios y otros edificios destinados a la formación del clero, los edificios de propiedad de la Iglesia empleados en fines de utilidad pública, las residencias de los Obispos y de los ministros del culto, cuando sean propiedad de la Iglesia, estarán exentos de cualquier impuesto o contribución.

Queda expresamente convenido que los bienes, cuya propiedad adquiera la Iglesia por donación entre vivos o por disposición testamentaria, estarán exentos de los impuestos de donación o de sucesión, siempre que los bienes recibidos en esa forma, se destinen a un fin propio del culto o de utilidad pública por voluntad del donante o del testante o por ulterior disposición de la Autoridad eclesiástica competente.

2. Los bienes eclesiásticos no comprendidos en el número precedente no podrán ser gravados con impuestos ni contribuciones especiales.

3. Los eclesiásticos estarán exentos de cualquier impuesto o contribución en razón del ejercicio de su ministerio espiritual.

4. Los Ordinarios de los lugares y los rectores de parroquias gozarán de franquicia postal y telegráfica en su correspondencia oficial en el país.

5. Los edictos y avisos que se refieren al ministerio sagrado, fijados en las puertas de los templos, estarán exentos de cualquier impuesto o contribución.

ART. 25. El Estado garantiza el derecho de libre organización y funcionamiento de las asociaciones católicas con fin religioso, social y caritativo, y en particular de las asociaciones de Acción Católica bajo la dependencia de los Ordinarios de los lugares.

ART. 26. Los domingos y fiestas de precepto, así como los días de Fiesta Nacional en todas las Iglesias Catedrales, Prelaticias y parroquiales de la República Dominicana se rezará o cantará al final de la función litúrgica principal una oración por la prosperidad de la República y de su Presidente.

ART. 27. Las demás materias relativas a personas o cosas eclesiásticas que no hayan sido tratadas en los artículos precedentes serán arregladas según el Derecho Canónico vigente.

Si en el porvenir surgiere alguna duda o dificultad sobre la interpretación del presente Concordato, o fuere necesario arreglar cuestiones relativas a personas o cosas eclesiásticas, que no hayan sido tratadas en los artículos precedentes y que toquen también el interés del Estado, la Santa Sede y el Gobierno dominicano procederán de común inteligencia a solucionar amigablemente la diferencia.

ART. 28.1. El presente Concordato, cuyos textos en lengua española e italiana hacen fe por igual, entrará en vigor desde el momento del canje de los instrumentos de ratificación, el cual deberá verificarse en el término de los dos meses subsiguientes a la firma.

2. Con la entrada en vigor de este Concordato, se entienden derogadas todas las disposiciones contenidas en leyes, decretos, órdenes y reglamentos que, en cualquier forma, se opongan a lo que en él se establece.

El Estado dominicano promulgará, en el plazo de seis meses, las disposiciones de derecho interno que sean necesarias para la ejecución de este Concordato.

En fe de lo cual, los Plenipotenciarios firman el presente Concordato.

PROTOCOLO FINAL

En el momento de proceder a la firma del Concordato que hoy se concluye entre la Santa Sede y la República Dominicana, los Plenipotenciarios que subscriben han hecho, de común acuerdo, las siguientes declaraciones que formarán parte integrante del mismo Concordato:

En relación
con el ART. 7, n. 2

En ejecución de lo dispuesto en el artículo 7, n. 2, del Concordato, el Gobierno de la República Dominicana dará:

a) A la Curia arquidiocesana de Santo Domingo la suma de quinientos pesos oro mensuales;

b) A las Curias de cada otra diócesis o prelatura *nullius* la suma de trescientos pesos oro mensuales.

En relación
con el ART. 10

Cuando se trate de llamar a la República Dominicana a una orden o congregación religiosa extranjera, la Autoridad eclesiástica competente lo notificará al Gobierno.

En relación
con el ART. 15

A) Para el reconocimiento, por parte del Estado, de los efectos civiles del matrimonio canónico, será suficiente que el acta del matrimonio sea transcrita en el Registro Civil correspondiente. Esta transcripción se llevará a cabo de la siguiente manera:

El párroco, dentro de los tres días siguientes a la celebración del matrimonio canónico, transmitirá copia textual del acta de la celebración al competente Oficial del Estado civil para que proceda a la oportuna transcripción.

Dicha transcripción debe realizarse dentro de los dos días siguientes a la recepción de la misma acta, y dentro de los tres días de haberla transcrito el Oficial del Estado civil hará la oportuna notificación al párroco indicando la fecha.

El párroco que sin graves motivos deje de enviar copia del acta matrimonial dentro del plazo citado incurrirá en pena de desobediencia, y el funcionario del Registro Civil que no lo transcriba a su tiempo incurrirá en las sanciones que señale la ley orgánica de su servicio.

B) Se entiende que los efectos civiles de un matrimonio debidamente transcrito regirán a partir de la fecha de la celebración canónica de dicho matrimonio. Sin embargo, cuando la transcripción del matrimonio sea solicitada una vez transcurridos cinco días de su celebración, dicha transcripción no perjudicará los derechos adquiridos, legítimamente, por terceras personas.

No obsta a la transcripción la muerte de uno o de ambos cónyuges.

En relación
con el ART. 20

1. La Santa Sede otorga al Seminario Conciliar de Santo Tomás de Aquino en Ciudad Trujillo el título de Instituto Pontificio.

Para este fin el Gobierno se compromete a hacer en el edificio que donó al Seminario las ampliaciones que las Partes de común acuerdo juzguen necesarias y a contribuir a sufragar los gastos de dicha institución con una aportación mensual de quince pesos oro por cada seminarista dominicano que allí curse sus estudios.

2. Con el fin de levantar cada vez más el prestigio del clero nacional, el Estado sostendrá cuatro becas de seminaristas dominicanos que la Autoridad eclesiástica envíe a cursar sus estudios en los Ateneos Pontificios en Roma.

En relación
con el ART. 21

Queda entendido que:

1. Para la apertura de escuelas dependientes de la Autoridad eclesiástica no se exige licencia alguna ni otra formalidad.

2. La vigilancia del Estado, por lo que atañe a las escuelas dependientes de la Autoridad eclesiástica, se referirá a lo tocante a las normas de seguridad e higiene, así como, limitadamente a los establecimientos mencionados en el n. 2 del presente artículo, al desarrollo de los programas de estudio; y siempre se efectuará teniendo en cuenta el carácter especial de dichas escuelas y de acuerdo con la Autoridad eclesiástica correspondiente.

En relación
con el ART. 23

1. El Estado no procederá a declarar monumentos nacionales otras propiedades eclesiásticas sino de acuerdo con la competente Autoridad religiosa.

2. Se entiende que un bien eclesiástico declarado monumento nacional es inalienable, y que la Autoridad eclesiástica, propietaria del inmueble, no procederá a modificaciones o reformas de éste sino de acuerdo con la Autoridad civil competente.

En relación
con el ART. 26

La oración será la siguiente:

V. Dómine, salvam fac Rempúblicam et Præsidem ejus.

R. Et exáudi nos in die, qua invocavérimus te.

V. Salvum fac pópulum tuum, Dómine: et bénedic hereditáti tuæ.

R. Et rege eos et extólle illos usque in ætérnum.

V. Dómine, exáudi oratiónem meam.

R. Et clamor meus ad te véniat.

V. Dóminus vobíscum.

R. Et cum spíritu tuo.

Orémus

Pópulum tuum, quǽsumus, Dómine, contínua pietáte custódi, ejúsque Rectóres sapiéntiæ tuæ lúmine illústra; ut, quæ agénda sunt, vídeant, et ad implénda quæ vidérint, convaléscant. Per Christum Dóminum nostrum.

CONVENIO ENTRE LA SANTA SEDE Y LA REPÚBLICA DE VENEZUELA*

La Santa Sede Apostólica y el Estado venezolano, en consideración a que la religión católica, apostólica y romana es la religión de la gran mayoría de los venezolanos y en el deseo de que todas las cuestiones de interés común puedan ser arregladas cuanto antes de manera completa y convenientemente, y proponiéndose hacerlo en futuros acuerdos, han determinado definir entre tanto algunas materias de particular urgencia sobre las cuales las dos Altas Partes han llegado a un acuerdo.

A este fin, Su Santidad el Sumo Pontífice Paulo VI y su Excelencia el Señor Rómulo Betancourt, Presidente de la República de Venezuela, han tenido a bien nombrar por sus Plenipotenciarios, respectivamente, a su Excelencia Reverendísima Monseñor Luigi Dadaglio, Nuncio Apostólico en Venezuela, y su Excelencia el Doctor Marcos Falcón Briceño, Ministro de Relaciones Exteriores, quienes, después de entregadas sus respectivas Plenipotencias y reconocida la autenticidad de las mismas, han convenido lo siguiente:

ART. 1. El Estado venezolano continuará asegurando y garantizando el libre y pleno ejercicio del poder espiritual de la Iglesia católica, así como el libre y público ejercicio del culto católico en todo el territorio de la República.

ART. 2. El Estado venezolano reconoce el libre ejercicio del derecho de la Iglesia católica de promulgar bulas, breves, estatutos, decretos, cartas encíclicas y pastorales en el ámbito de su competencia y para la prosecución de los fines que le son propios.

ART. 3. El Estado venezolano reconoce la personalidad jurídica internacional de la Santa Sede y del Estado de la Ciudad del Vaticano. Para mantener relaciones amistosas entre la Santa Sede y el Estado de Venezuela continuarán acreditados un Embajador de Venezuela ante la Santa Sede y un Nuncio Apostólico en Caracas, el cual será el Decano del Cuerpo Diplomático acreditado ante el Gobierno de Venezuela.

ART. 4. Se reconoce a la Iglesia católica en la República de Venezuela como persona jurídica de carácter público. Gozan además de personalidad jurídica para los actos de la vida civil las diócesis, los capítulos cate-

---

* Convenio entre la Santa Sede y la República de Venezuela de 6 de marzo de 1964.

drales, los seminarios, las parroquias, las órdenes, congregaciones religiosas y demás institutos de perfección cristiana canónicamente reconocidos.

Las instituciones y entidades particulares que, según el Derecho Canónico, tienen personalidad jurídica, gozarán de la misma personalidad jurídica ante el Estado una vez que hayan sido cumplidos los requisitos legales.

ART. 5. La erección de nuevas arquidiócesis, diócesis y prelaturas *nullius* y las modificaciones de los límites existentes se harán por la Santa Sede previo acuerdo con el Gobierno. Ninguna parte del territorio venezolano dependerá de un Obispo cuya sede esté fuera de las fronteras de la República. Cuando hayan de erigirse nuevas diócesis o modificarse los límites de las actuales se procurará que los límites diocesanos coincidan, en lo posible, con las divisiones políticas del territorio nacional.

ART. 6. Antes de proceder al nombramiento de un Arzobispo u Obispo diocesano, o de una Prelado *nullius*, o de sus Coadjutores con derecho a sucesión, la Santa Sede participará el nombre del candidato al Presidente de la República, a fin de que éste manifieste si tiene objeciones de carácter político general que oponer al nombramiento. En caso de existir objeciones de tal naturaleza, la Santa Sede indicará el nombre de otro candidato para los mismos fines. Las diligencias correspondientes se desarrollarán con la mayor reserva a fin de mantener secretos los nombres de los candidatos hasta que sea publicado el nombramiento definitivo. Transcurridos treinta días desde la comunicación hecha al Presidente de la República, el silencio de éste se interpretará en el sentido de que no tiene objeciones que oponer al nombramiento. En casos excepcionales, dicho término podrá extenderse hasta sesenta días, de acuerdo con la Nunciatura Apostólica.

ART. 7. Los Arzobispos y Obispos diocesanos y sus Coadjutores con derecho a sucesión serán ciudadanos venezolanos.

ART. 8. La provisión de las dignidades de los Capítulos Metropolitanos y Catedrales está reservada a la Santa Sede. Pero, en atención a lo que dispone el artículo 11, el nombramiento se comunicará oficialmente al Gobierno de Venezuela antes de la toma de posesión por parte de los investidos. En el caso de creación de nuevas dignidades, tendrá aplicación el artículo 11 con respecto a ellas, una vez que haya mediado un acuerdo con el Gobierno.

ART. 9. La provisión de los beneficios menores de los Capítulos Metropolitanos y Catedrales se hará libremente por la competente Autoridad

Eclesiástica, de acuerdo con las normas de Derecho Canónico. El Ordinario de lugar dará comunicación oficial de dichos nombramientos al Ejecutivo Nacional antes de que los nuevos investidos tomen posesión canónica del beneficio.

ART. 10. La erección de nuevas parroquias se hará libremente por los Ordinarios diocesanos, los cuales comunicarán a la primera Autoridad Civil de la jurisdicción la erección y los límites de las nuevas parroquias así como los cambios de límites de las parroquias ya existentes.

ART. 11. El Gobierno de Venezuela, dentro de sus posibilidades fiscales, continuará destinando un capítulo del presupuesto, que seguirá llamándose "asignaciones eclesiásticas" para el decoroso sostenimiento de los Obispos, Vicario Generales y Cabildos Eclesiásticos. También se destinará una partida presupuestaria adecuada para ejecutar y contribuir a la ejecución de obras de edificación y conservación de templos, seminarios y lugares destinados a la celebración de culto.

ART. 12. El Gobierno de Venezuela, en su propósito de atraer e incorporar a la vida ciudadana a nativos del país que habitan en regiones fronterizas o distantes de los centros poblados o distantes de los centros poblados, continuará prestando especial apoyo y protección a las Misiones Católicas establecidas en algunas regiones de la República. La Santa Sede dará comunicación oficial al Gobierno de Venezuela de la erección de nuevos Vicarios Apostólicos o de la división de los ya existentes. Los Vicarios, Prefectos Apostólicos y los Superiores de las Misiones autónomas serán nombrados por la Santa Sede, la cual dará al Gobierno comunicación del nombramiento antes de que sea publicado.

ART. 13. Cuando a juicio de los Ordinarios sea necesaria la colaboración ya sea de Institutos Religiosos de varones o mujeres, ya sea de sacerdotes seculares de otra nacionalidad, para la asistencia de los fieles y para las obras sociales y de beneficencia públicas o privadas, se solicitará por escrito su entrada y permanencia en el país, las cuales serán otorgadas por la competente Autoridad, previo el cumplimiento de los requisitos legales ordinarios.

ART. 14. La Iglesia podrá libremente establecer Seminarios Mayores y Menores, tanto diocesanos como interdiocesanos, y otros Institutos destinados a la formación del clero secular y religioso, los cuales dependerán únicamente de la Autoridad Eclesiástica en su dirección, régimen y programas de estudio. Reconociendo el Estado los fines específicos de la educación impartida por tales Seminarios o Institutos, está dispuesto a conceder equivalencia de los estudios de educación secundaria siempre que el plan de dichos estudios contenga, las asignaturas que integran el de educación secundaria.

ART. 15. El Estado venezolano, de conformidad con la Constitución, reconoce el derecho de organización de los ciudadanos católicos para promover la difusión y actuación de los principios de la fe y moral católicas mediante las asociaciones de Acción Católica, dependientes de la Autoridad Eclesiástica, las cuales se mantendrán siempre fuera de todo partido político.

ART. 16. La presente Convención –cuyos textos en lengua italiana y española hacen fe por igual- entrará en vigor desde el momento del canje de ratificación. Una vez ratificado, el presente Acuerdo será la norma que, como lo prevé el artículo 130 de la Constitución, regulará las relaciones entre la Iglesia y el Estado.

A.3. LEYES DE LIBERTAD RELIGIOSA[3]

LEY DE ARGENTINA*

ART. 1. Créase en el ámbito del Ministerio de Relaciones Exteriores y Culto el Registro Nacional de Cultos, por ante el cual procederán a tramitar su reconocimiento e inscripción las organizaciones religiosas que ejerzan sus actividades dentro de la jurisdicción del Estado Nacional, que no integren la Iglesia católica apostólica romana.

ART. 2. El Poder Ejecutivo procederá a establecer las condiciones y recaudos que deberán cumplirse para obtener el reconocimiento e inscripción en el Registro Nacional de Cultos. Dicho reconocimiento e inscripción será previo y condicionarán la actuación de todas las organizaciones religiosas a que se refiere el artículo 1, como así también el otorgamiento y pérdida de personería jurídica o, en su caso, la constitución y existencia de la asociación como sujeto de derecho. Las organizaciones religiosas comprendidas, ya inscriptas, deberán proceder a su reinscripción en un plazo de 90 días desde la publicación del decreto de reglamentación de la presente ley; caso contrario, pasado dicho plazo, se las tendrá por no inscriptas.

ART. 3. Se procederá a la denegatoria de la inscripción solicitada o cancelación de la misma si ya hubiere sido acordada en los siguientes casos:

a) Cuando mediare el incumplimiento de lo dispuesto por la presente ley y su reglamentación:

b) Cuando se hubiere comprobado que los principios y/o propósitos que dieron origen a la constitución de la asociación o la actividad que ejerce, resultaren lesivas al orden público, la seguridad nacional, la moral y las buenas costumbres.

c) Cuando el ejercicio de sus actividades fuere distinto de los principios y/o propósitos que determinaron su reconocimiento e inscripción o fuere lesivo para otras organizaciones religiosas.

ART. 4. Los casos mencionados en el artículo anterior implican:

a) La prohibición de actuar en el territorio nacional y/o;

b) La pérdida de la personería jurídica o el carácter de sujeto de derecho.

---

[3] Se han utilizado como fuentes distintas bases de datos oficiales.

* Ley 21.745, de 10 de febrero de 1978, por la que se crea el Registro Nacional de Cultos. Publicada en el Diario Oficial el 15 de febrero de 1978.

ART. 5. La presente ley es de orden público y el Poder Ejecutivo Nacional procederá a su reglamentación dentro de los 60 días a partir de su publicación. (Plazo ampliado a 180 días por Ley 21.873, artículo 1).

ART. 6. Comuníquese, publíquese, dése a la Dirección Nacional del Registro Oficial y archívese.

LEY DE CHILE*

Capítulo I
Normas generales

ART. 1. El Estado garantiza la libertad religiosa y de culto en los términos de la Constitución Política de la República.

ART. 2. Ninguna persona podrá ser discriminada en virtud de sus creencias religiosas, ni tampoco podrán éstas invocarse como motivo para suprimir, restringir o afectar la igualdad consagrada en la Constitución y la ley.

ART. 3. El Estado garantiza que las personas desarrollen libremente sus actividades religiosas y la libertad de las iglesias, confesiones y entidades religiosas.

ART. 4. Para los efectos de esta ley, se entiende por iglesias, confesiones o instituciones religiosas a las entidades integradas por personas naturales que profesen una determinada fe.

ART. 5. Cada vez que esta ley emplea el término "entidad religiosa", se entenderá que se refiere a las iglesias, confesiones e instituciones religiosas de cualquier culto.

Capítulo II
Libertad religiosa y de culto

ART. 6. La libertad religiosa y de culto, con la correspondiente autonomía e inmunidad de coacción, significan para toda persona, a lo menos, las facultades de:

a) Profesar la creencia religiosa que libremente elija o no profesar ninguna; manifestarla libremente o abstenerse de hacerlo; o cambiar o abandonar la que profesaba;

b) Practicar en público o en privado, individual o colectivamente, actos de oración o de culto; conmemorar sus festividades; celebrar sus ritos; observar su día de descanso semanal; recibir a su muerte una sepultura digna, sin discriminación por razones religiosas; no ser obligada a practicar

---

* Ley núm. 19.638, de 22 de septiembre de 1999, que establece normas sobre la constitución de las iglesias y organizaciones religiosas. Publicada en el Diario Oficial el 14 de octubre de 1999.

actos de culto o a recibir asistencia religiosa contraria a sus convicciones personales y no ser perturbada en el ejercicio de estos derechos;

c) Recibir asistencia religiosa de su propia confesión donde quiera que se encuentre.

La forma y condiciones del acceso de pastores, sacerdotes y ministros del culto, para otorgar asistencia religiosa en recintos hospitalarios, cárceles y lugares de detención y en los establecimientos de las Fuerzas Armadas y de las de Orden y Seguridad, serán reguladas mediante reglamentos que dictará el Presidente de la República, a través de los Ministros de Salud, de Justicia y de Defensa Nacional, respectivamente;

d) Recibir e impartir enseñanza o información religiosa por cualquier medio; elegir para sí -y los padres para los menores no emancipados y los guardadores para los incapaces bajo su tuición y cuidado-, la educación religiosa y moral que esté de acuerdo con sus propias convicciones, y

e) Reunirse o manifestarse públicamente con fines religiosos y asociarse para desarrollar comunitariamente sus actividades religiosas, de conformidad con el ordenamiento jurídico general y con esta ley.

ART. 7. En virtud de la libertad religiosa y de culto, se reconoce a las entidades religiosas plena autonomía para el desarrollo de sus fines propios y, entre otras, las siguientes facultades:

a) Ejercer libremente su propio ministerio, practicar el culto, celebrar reuniones de carácter religioso y fundar y mantener lugares para esos fines;

b) Establecer su propia organización interna y jerarquía; capacitar, nombrar, elegir y designar en cargos y jerarquías a las personas que correspondan y determinar sus denominaciones, y

c) Enunciar, comunicar y difundir, de palabra, por escrito o por cualquier medio, su propio credo y manifestar su doctrina.

Capítulo III
Personalidad jurídica y estatutos

ART. 8. Las entidades religiosas podrán crear personas jurídicas de conformidad con la legislación vigente. En especial, podrán:

a) Fundar, mantener y dirigir en forma autónoma institutos de formación y de estudios teológicos o doctrinales, instituciones educacionales, de beneficencia o humanitarias, y

b) Crear, participar, patrocinar y fomentar asociaciones, corporaciones y fundaciones, para la realización de sus fines.

ART. 9. Las asociaciones, corporaciones, fundaciones y otros organismos creados por una iglesia, confesión o institución religiosa, que conforme a sus normas jurídicas propias gocen de personalidad jurídica religiosa, son reconocidos como tales. Acreditará su existencia la autoridad religiosa que los haya erigido o instituido.

Las entidades religiosas, así como las personas jurídicas que ellas constituyan en conformidad a esta ley, no podrán tener fines de lucro.

ART. 10. Para constituir personas jurídicas que se organicen de conformidad con esta ley, las entidades religiosas deberán seguir el procedimiento que se indica a continuación:

a) Inscripción en el registro público que llevará el Ministerio de Justicia de la escritura pública en que consten el acta de constitución y sus estatutos;

b) Transcurso del plazo de noventa días desde la fecha de inscripción en el registro, sin que el Ministerio de Justicia hubiere formulado objeción; o si, habiéndose deducido objeción, ésta hubiere sido subsanada por la entidad religiosa o rechazada por la justicia, y

c) Publicación en el Diario Oficial de un extracto del acta de constitución, que incluya el número de registro o inscripción asignado.

Desde que quede firme la inscripción en el registro público, la respectiva entidad gozará de personalidad jurídica de derecho público por el solo ministerio de la ley.

ART. 11. El Ministerio de Justicia no podrá denegar el registro. Sin embargo, dentro del plazo de noventa días contado desde la fecha de ese acto, mediante resolución fundada, podrá objetar la constitución si faltare algún requisito.

La entidad religiosa afectada, dentro del plazo de sesenta días, contado desde la notificación de las objeciones, deberá subsanar los defectos de constitución o adecuar sus estatutos a las observaciones formuladas.

De la resolución que objete la constitución podrán reclamar los interesados ante cualquiera de las Cortes de Apelaciones de la región en que la entidad religiosa tuviere su domicilio, siguiendo el procedimiento y plazos establecidos para el recurso de protección.

ART. 12. En los estatutos o normas propias de cada persona jurídica que se constituya en conformidad a las disposiciones de esta ley deberán contenerse aquellos elementos esenciales que la caracterizan y los órganos a través de los cuales actúa en el ámbito jurídico y que la representan frente a terceros.

El acta constitutiva contendrá, como mínimo, la individualización de los constituyentes, el nombre de la persona jurídica, sus domicilios y la constancia de haberse aprobado los estatutos.

Las personas condenadas por delito que merezca pena aflictiva no podrán suscribir el acta de constitución de la persona jurídica.

ART. 13. Los ministros de culto de una iglesia, confesión o institución religiosa acreditarán su calidad de tales mediante certificación expedida por su entidad religiosa, a través de la respectiva persona jurídica, y les serán aplicables las normas de los artículos 360, N°. 1°; 361, N°s. 1° y 3°, y 362 del Código de Procedimiento Civil, así como lo establecido en el artículo 201, N°. 2°, del Código de Procedimiento Penal.

Capítulo IV
Patrimonio y exenciones

ART. 14. La adquisición, enajenación y administración de los bienes necesarios para las actividades de las personas jurídicas constituidas conforme a esta ley estarán sometidas a la legislación común. Sin perjuicio de lo anterior, las normas jurídicas propias de cada una de ellas forman parte de los requisitos de validez para la adquisición, enajenación y administración de sus bienes.

ART. 15. Las entidades religiosas podrán solicitar y recibir toda clase de donaciones y contribuciones voluntarias, de particulares e instituciones públicas o privadas y organizar colectas entre sus fieles, para el culto, la sustentación de sus ministros u otros fines propios de su misión.

Ni aun en caso de disolución los bienes de las personas jurídicas religiosas podrán pasar a dominio de alguno de sus integrantes.

ART. 16. Las donaciones que reciban las personas jurídicas a que se refiere esta ley, estarán exentas del trámite de insinuación, cuando su valor no exceda de veinticinco unidades tributarias mensuales.

ART. 17. Las personas jurídicas de entidades religiosas regidas por esta ley tendrán los mismos derechos, exenciones y beneficios tributarios que la Constitución Política de la República, las leyes y reglamentos vigentes otorguen y reconozcan a otras iglesias, confesiones e instituciones religiosas existentes en el país.

ART. 18. Las personas jurídicas religiosas que a la época de su inscripción en el registro público, hubieren declarado ser propietarias de inmuebles u otros bienes sujetos a registro público, cuyo dominio aparezca a nombre de personas naturales o jurídicas distintas de ellas podrán, en el plazo de un año contado desde la constitución, regularizar la situación usando los procedimientos de la legislación común, hasta obtener la inscripción correspondiente a su nombre. Si optaren por la donación, estarán exentas del trámite de insinuación.

Capítulo V
Disolución

ART. 19. La disolución de una persona jurídica constituida conforme a esta ley podrá llevarse a cabo de conformidad con sus estatutos, o en cumplimiento de una sentencia judicial firme, recaída en juicio incoado a requerimiento del Consejo de Defensa del Estado, el que podrá accionar de oficio o a petición de parte, en los casos que así corresponda.

Disuelta la persona jurídica, se procederá a eliminarla del registro a que se refiere el artículo 10.

Disposición final

ART. 20. El Estado reconoce el ordenamiento, la personalidad jurídica, sea ésta de derecho público o de derecho privado, y la plena capacidad de goce y ejercicio de las iglesias, confesiones e instituciones religiosas que los tengan a la fecha de publicación de esta ley, entidades que mantendrán el régimen jurídico que les es propio, sin que ello sea causa de trato desigual entre dichas entidades y las que se constituyan en conformidad a esta ley.

Habiéndose cumplido con lo establecido en el N° 1° del artículo 82 de la Constitución Política de la República y por cuanto he tenido a bien aprobarlo y sancionarlo; por tanto promúlguese y llévese a efecto como Ley de la República.

LEY DE COLOMBIA*

Capítulo I
Del derecho de libertad religiosa

ART. 1. El Estado garantiza el derecho fundamental a la libertad religiosa y de cultos, reconocido en el artículo 19 de la Constitución Política.

Este derecho se interpretará de conformidad con los tratados internacionales de derechos humanos ratificados por la República.

ART. 2. Ninguna iglesia o confesión religiosa es ni será oficial o estatal. Sin embargo, el Estado no es ateo, agnóstico, o indiferente ante los sentimientos religiosos de los colombianos.

El Poder Público protegerá a las personas en sus creencias, así como a las iglesias y confesiones religiosas y facilitará la participación de éstas y aquéllas en la consecución del bien común. De igual manera, mantendrá relaciones armónicas y de común entendimiento con las iglesias y confesiones religiosas existentes en la sociedad colombiana.

ART. 3. El Estado reconoce la diversidad de las creencias religiosas, las cuales no constituirán motivo de desigualdad o discriminación ante la ley que anulen o restrinjan el reconocimiento o ejercicio de los derechos fundamentales.

Todas las confesiones religiosas e iglesias son igualmente libres ante la ley.

ART. 4. El ejercicio de los derechos dimanantes de la libertad religiosa y de cultos, tiene como único límite la protección del derecho de los demás al ejercicio de sus libertades públicas y derechos fundamentales, así como la salvaguarda de la seguridad, de la salud y de la moralidad pública, elementos constitutivos del orden público, protegido por la ley en una sociedad democrática.

El derecho de tutela de los derechos reconocidos en esta ley estatutaria, se ejercerá de acuerdo con las normas vigentes.

ART. 5. No se incluyen dentro del ámbito de aplicación de la presente ley las actividades relacionadas con el estudio y experimentación de los

---

* Ley de 23 de mayo de 1994, por la cual se desarrolla el derecho de libertad religiosa y de cultos, reconocido en el artículo 19 de la Constitución Política de Colombia. Diario Oficial No. 41.369, de 26 de mayo de 1994.

fenómenos psíquicos o parapsicológicos; el satanismo, las prácticas mágicas o supersticiosas o espiritistas u otras análogas ajenas a la religión.

Capítulo II
Del ámbito del derecho de libertad religiosa

ART. 6. La libertad religiosa y de cultos garantizada por la Constitución comprende, con la consiguiente autonomía jurídica e inmunidad de coacción, entre otros, los derechos de toda persona:

a) De profesar las creencias religiosas que libremente elija o no profesar ninguna; cambiar de confesión o abandonar la que tenía; manifestar libremente su religión o creencias religiosas o la ausencia de las mismas o abstenerse de declarar sobre ellas;

b) De practicar, individual o colectivamente, en privado o en público, actos de oración y culto; conmemorar sus festividades; y no ser perturbado en el ejercicio de estos derechos;

c) De recibir sepultura digna y observar los preceptos y ritos de la religión del difunto en todo lo relativo a las costumbres funerarias con sujeción a los deseos que hubiere expresado el difunto en vida, o en su defecto expresare su familia. Para este efecto, se procederá de la siguiente manera:

1. Podrán celebrarse los ritos de cada una de las iglesias o confesiones religiosas en los cementerios dependientes de la autoridad civil o de propiedad de los particulares.

2. Se observarán los preceptos y los ritos que determinen cada una de las iglesias o confesiones religiosas con personería jurídica en los cementerios que sean de su propiedad.

3. Se conservará la destinación específica de los lugares de culto existentes en los cementerios dependientes de la autoridad civil o de los particulares, sin perjuicio de que haya nuevas instalaciones de otros cultos;

d) De contraer y celebrar matrimonio y establecer una familia conforme a su religión y a las normas propias de la correspondiente Iglesia o confesión religiosa. Para este fin, los matrimonios religiosos y sus sentencias de nulidad, dictadas por las autoridades de la respectiva iglesia o confesión religiosa con personería jurídica tendrán efectos civiles, sin perjuicio de la competencia estatal para regularlos;

e) De no ser obligado a practicar actos de culto o a recibir asistencia religiosa contraria a sus convicciones personales;

f) De recibir asistencia religiosa de su propia confesión en donde quiera que se encuentre y principalmente en los lugares públicos de cuidados médicos, en los cuarteles militares y en los lugares de detención;

g) De recibir e impartir enseñanza e información religiosa, ya sea oralmente, por escrito o por cualquier otro procedimiento, a quien desee recibirla; de recibir esa enseñanza e información o rehusarla;

h) De elegir para sí y los padres para los menores o los incapaces bajo su dependencia, dentro y fuera del ámbito escolar, la educación religiosa y moral según sus propias convicciones. Para este efecto, los establecimientos docentes ofrecerán educación religiosa y moral a los educandos de acuerdo con la enseñanza de la religión a la que pertenecen, sin perjuicio de su derecho de no ser obligados a recibirla. La voluntad de no recibir enseñanza religiosa y moral podrá ser manifestada en el acto de matrícula por el alumno mayor de edad o los padres o curadores del menor o del incapaz;

i) De no ser impedido por motivos religiosos para acceder a cualquier trabajo o actividad civil, para ejercerlo o para desempeñar cargos o funciones públicas. Tratándose del ingreso, ascenso o permanencia en capellanías o en la docencia de educación religiosa y moral, deberá exigirse la certificación de idoneidad emanada de la iglesia o confesión de la religión a que asista o enseñe;

j) De reunirse o manifestarse públicamente con fines religiosos y asociarse para desarrollar comunitariamente sus actividades religiosas, de conformidad con lo establecido en la presente ley y en el ordenamiento jurídico general.

ART. 7. El derecho de libertad religiosa y de cultos, igualmente comprende, entre otros, los siguientes derechos de las iglesias y confesiones religiosas:

a) De establecer lugares de culto o de reunión con fines religiosos y de que sean respetados su destinación religiosa y su carácter confesional específico;

b) De ejercer libremente su propio ministerio; conferir órdenes religiosas, designar para los cargos pastorales; comunicarse y mantener relaciones, sea en el territorio nacional o en el extranjero, con sus fieles, con otras iglesias o confesiones religiosas y con sus propias organizaciones;

c) De establecer su propia jerarquía, designar a sus correspondientes ministros libremente elegidos, por ellas con su particular forma de vinculación y permanencia según sus normas internas;

d) De tener y dirigir autónomamente sus propios institutos de formación y de estudios teológicos, en los cuales pueden ser libremente recibidos los candidatos al ministerio religioso que la autoridad eclesiástica juzgue idóneos. El reconocimiento civil de los títulos académicos expedidos por estos institutos será objeto de convenio entre el Estado y la correspondiente iglesia o confesión religiosa o, en su defecto, de reglamentación legal;

e) De escribir, publicar, recibir y usar libremente sus libros y otras publicaciones sobre cuestiones religiosas;

f) De anunciar, comunicar y difundir, de palabra y por escrito, su propio credo a toda persona, sin menoscabo del derecho reconocido en el literal g) del artículo 6 y manifestar libremente el valor peculiar de su doctrina para la ordenación de la sociedad y la orientación de la actividad humana;

g) De cumplir actividades de educación, de beneficencia, de asistencia que permitan poner en práctica los preceptos de orden moral desde el punto de vista social de la respectiva confesión.

PARÁGRAFO. Los concejos municipales podrán conceder a las instituciones religiosas exenciones de los impuestos y contribuciones de carácter local en condiciones de igualdad para todas las confesiones e iglesias.

ART. 8. Para la aplicación real y efectiva de estos derechos, las autoridades adoptarán las medidas necesarias que garanticen la asistencia religiosa ofrecida por las iglesias y confesiones religiosas a sus miembros, cuando ellos se encuentren en establecimientos públicos docentes, militares, hospitalarios, asistenciales, penitenciarios y otros bajo su dependencia.

Esta atención podrá ofrecerse por medio de capellanías o de instituciones similares, organizadas con plena autonomía por la respectiva iglesia o confesión religiosa.

Capítulo III
De la personería jurídica de las iglesias y confesiones religiosas

ART. 9. El Ministerio de Gobierno reconoce personería jurídica a las iglesias, confesiones y denominaciones religiosas, sus federaciones y, confederaciones y asociaciones de ministros, que lo soliciten. De igual manera, en dicho Ministerio funcionará el registro público de entidades religiosas.

La petición deberá acompañarse de documentos fehacientes en los que conste su fundación o establecimiento en Colombia, así como su denominación y demás datos de identificación, los estatutos donde se señalen sus fines religiosos, régimen de funcionamiento, esquema de organización y órganos representativos con expresión de sus facultades y de sus requisitos para su valida designación.

PARÁGRAFO. Las iglesias, confesiones y denominaciones religiosas, sus federaciones y confederaciones, pueden conservar o adquirir personería jurídica de derecho privado con arreglo a las disposiciones generales del derecho civil.

ART. 10. El Ministerio de Gobierno practicará de oficio la inscripción en el registro público de entidades religiosas cuando otorgue personería jurídica a una iglesia o confesión religiosa, a sus federaciones o confederaciones.

La personería jurídica se reconocerá cuando se acrediten debidamente los requisitos exigidos y no se vulnere algunos de los preceptos de la presente ley.

ART. 11. El Estado continúa reconociendo personería jurídica de derecho público eclesiástico a la Iglesia católica y a las entidades erigidas o que se erijan conforme a lo establecido en el inciso 1º del artículo IV del Concordato, aprobado por la Ley 20 de 1974.

Para la inscripción de éstas en el Registro Público de Entidades Religiosas se notificará al Ministerio de Gobierno el respectivo decreto de erección o aprobación canónica.

ART. 12. Corresponde al Ministerio de Gobierno la competencia administrativa relativa al otorgamiento de personería jurídica, a la inscripción en el registro público de entidades religiosas, así como a la negociación y desarrollo de los convenios públicos de Derecho interno.

Capítulo IV
De la autonomía de las iglesias y confesiones religiosas

ART. 13. Las iglesias y confesiones religiosas tendrán, en sus asuntos religiosos, plena autonomía y libertad y podrán establecer sus propias normas de organización, régimen interno y disposiciones para sus miembros.

En dichas normas, así como en las que regulen las instituciones creadas por aquéllas para la realización de sus fines, podrán incluir cláusulas de salvaguarda de su identidad religiosa y de su carácter propio, así como del debido respeto de sus creencias, sin perjuicio de los derechos y libertades reconocidos en la Constitución y en especial de los de la libertad, igualdad y no discriminación.

PARÁGRAFO. El Estado reconoce la competencia exclusiva de los tribunales eclesiásticos para decidir, lo relativo a la validez de los actos o ceremonias religiosas que afecten o puedan afectar el estado civil de las personas.

ART. 14. Las iglesias y confesiones religiosas con personería tendrán, entre otros derechos, los siguientes:

a) De crear y fomentar asociaciones, fundaciones e instituciones para la realización de sus fines con arreglo a las disposiciones del ordenamiento jurídico;

b) De adquirir, enajenar y administrar libremente los bienes muebles e inmuebles que considere necesarios para realizar sus actividades; de ser propietarias del patrimonio artístico y cultural que hayan creado, adquirido con sus recursos o esté bajo su posesión legítima, en la forma y con las garantías establecidas por el ordenamiento jurídico;

c) De solicitar y recibir donaciones financieras o de otra índole de personas naturales o jurídicas y organizar colectas entre sus fieles para el culto, la sustentación de sus ministros y otros fines propios de su misión;

d) De tener garantizados sus derechos de honra y rectificación cuando ellas, su credo o sus ministros sean lesionados por informaciones calumniosas, agraviantes, tergiversadas o inexactas.

ART. 15. El Estado podrá celebrar con las iglesias, confesiones y denominaciones religiosas, sus federaciones y confederaciones y asociaciones de ministros, que gocen de personería y ofrezcan garantía de duración por su estatuto y número (sic) de miembros, convenios sobre cuestiones religiosas, ya sea Tratados Internacionales o convenios de Derecho Público Interno, especialmente para regular lo establecido en los literales d) y g) del artículo 6 en el inciso segundo del artículo 8 del presente estatuto, y en el artículo 1 de la Ley 25 de 1992.

Los convenios de Derecho Público Interno estarán sometidos al control previo de legalidad de la Sala de Consulta y Servicio Civil del Consejo de Estado y entrarán en vigencia una vez sean suscritos por el Presidente de la República.

ART. 16. La condición de ministro del culto se acreditará con documento expedido por la autoridad competente de la iglesia o confesión religiosa con personería jurídica a la que se pertenezca. El ejercicio de la función religiosa ministerial será garantizado por el Estado.

Capítulo V
Disposiciones Transitorias y Finales

ART. 17. En todos los municipios del país existirá un cementerio dependiente de la autoridad civil. Las autoridades municipales adoptarán las medidas necesarias para cumplir con este precepto en las localidades que carezcan de un cementerio civil, dentro del año siguiente a la fecha de promulgación de la presente ley.

PARÁGRAFO. En los municipios donde exista un solo cementerio y éste dependa de una iglesia o confesión religiosa, ella separará un lugar para dar digna sepultura en las mismas condiciones que los cementerios dependientes de la autoridad civil, hasta tanto se dé cumplimiento a lo dispuesto en la primera parte de este artículo.

ART. 18. La inscripción de las entidades ya erigidas, según lo establecido en el artículo 12, se practicará dentro de los tres años siguientes a la vigencia de la presente ley.

ART. 19. La presente ley rige a partir de la fecha de su promulgación y deroga todas las disposiciones que le sean contrarias.

LEY DE CULTOS DE ECUADOR[*]

ART. 1. Las diócesis y las demás organizaciones religiosas de cualquier culto que fuesen establecidas o que se establecieren en el país, para ejercer derechos y contraer obligaciones civiles, enviarán al Ministerio de Cultos el estatuto del organismo que tenga a su cargo el Gobierno y administración de sus bienes, así como el nombre de la persona que, de acuerdo con dicho estatuto, haya de representarlo legalmente. En el referido estatuto se determinará el personal que constituya el mencionado organismo, la forma de elección y renovación del mismo y las facultades de que estuviere investido.

ART. 2. La representación legal de que habla el artículo anterior no podrá ser ejercida sino por ecuatorianos, con las facultades suficientes para representar a las entidades referidas, en juicio y fuera de él, en cuantos casos fuere menester. El organismo administrativo, lo propio que el representante legal, tendrá necesariamente su domicilio en el Ecuador.

ART. 3. El ministro de cultos dispondrá que el estatuto a que se refiere el artículo 1 se publique en el Registro Oficial y que se inscriba en la oficina del Registro de la Propiedad del cantón o cantones en que estuvieren situados los bienes de cuya administración se trate. Esta inscripción se hará en un libro especial que se denominará "Registro de las Organizaciones Religiosas", dentro de los ocho días de recibida la Orden Ministerial.

ART. 4. Siempre que ocurriere alguna modificación en los estatutos o en el personal de la corporación administrativa, lo mismo que cuando cambiare el personero o representante de dicha entidad, se comunicará al Ministerio de Cultos para que éste ordene que se tome nota en los respectivos registros.

ART. 5. La certificación conferida por el registrador de la propiedad servirá de documento habilitante para los actos jurídicos en que deban intervenir las entidades a que se refiere este decreto. En el certificado se acreditará que la persona a quien se refiere tiene el carácter de representante legal de las entidades jurídicas respectivas. Para el efecto, en el mismo certificado se hará constar las facultades y atribuciones que se les hubiere conferido.

ART. 6. Las instituciones católicas, previa la inscripción establecida en el artículo primero de este decreto, podrán ejercer los derechos civiles que les corresponden sobre los bienes que poseían al tiempo de la declara-

---

[*] Decreto Supremo 212, R.O. 547, de 23 de julio de 1937.

ción contenida en el Decreto Supremo 121, del 18 de diciembre de 1935 y promulgado en el Registro Oficial 68, del 19 de los propios mes y año.

ART. 7. Al Ministro de Gobierno, Policía, Justicia, Cultos, etc., encárguese la ejecución de esta ley.

RELIGIOUS FREEDOM RESTORATION ACT OF 1993 (EE.UU.)*

(Chapter 21B- Religious Freedom Restoration)

§ 2000bb. Congressional findings and declaration of purposes

(a) Findings

The Congress finds that—

(1) the framers of the Constitution, recognizing free exercise of religion as an unalienable right, secured its protection in the First Amendment to the Constitution;

(2) laws "neutral" toward religion may burden religious exercise as surely as laws intended to interfere with religious exercise;

(3) governments should not substantially burden religious exercise without compelling justification;

(4) in Employment Division v. Smith, 494 U.S. 872 (1990) the Supreme Court virtually eliminated the requirement that the government justify burdens on religious exercise imposed by laws neutral toward religion; and

(5) the compelling interest test as set forth in prior Federal court rulings is a workable test for striking sensible balances between religious liberty and competing prior governmental interests.

(b) Purposes

The purposes of this chapter are—

(1) to restore the compelling interest test as set forth in Sherbert *vs.* Verner, 374 U.S. 398 (1963) and Wisconsin *vs.* Yoder, 406 U.S. 205 (1972) and to guarantee its application in all cases where free exercise of religion is substantially burdened; and

(2) to provide a claim or defense to persons whose religious exercise is substantially burdened by government.

§ 2000bb-1. Free exercise of religion protected

(a) In general

Government shall not substantially burden a person's exercise of religion even if the burden results from a rule of general applicability, except as provided in subsection (b) of this section.

---

* Aprobada por el Congreso de los EE.UU. el 16 de noviembre de 1993. Fragmentos extraídos del Código Federal de los EE.UU.

(b) Exception

Government may substantially burden a person's exercise of religion only if it demonstrates that application of the burden to the person—

(1) is in furtherance of a compelling governmental interest; and

(2) is the least restrictive means of furthering that compelling governmental interest.

(c) Judicial relief

A person whose religious exercise has been burdened in violation of this section may assert that violation as a claim or defense in a judicial proceeding and obtain appropriate relief against a government. Standing to assert a claim or defense under this section shall be governed by the general rules of standing under article III of the Constitution.

§ 2000bb-2. Definitions

As used in this chapter—

(1) the term "government" includes a branch, department, agency, instrumentality, and official (or other person acting under color of law) of the United States, or of a covered entity;

(2) the term "covered entity" means the District of Columbia, the Commonwealth of Puerto Rico, and each territory and possession of the United States;

(3) the term "demonstrates" means meets the burdens of going forward with the evidence and of persuasion; and

(4) the term "exercise of religion" means religious exercise, as defined in section 2000cc-5 of this title.

§ 2000bb-3. Applicability

(a) In general

This chapter applies to all Federal law, and the implementation of that law, whether statutory or otherwise, and whether adopted before or after November 16, 1993.

(b) Rule of construction

Federal statutory law adopted after November 16, 1993, is subject to this chapter unless such law explicitly excludes such application by reference to this chapter.

(c) Religious belief unaffected

Nothing in this chapter shall be construed to authorize any government to burden any religious belief.

§ 2000bb-4. Establishment clause unaffected.

Nothing in this chapter shall be construed to affect, interpret, or in any way address that portion of the First Amendment prohibiting laws respecting the establishment of religion (referred to in this section as the "Establishment Clause"). Granting government funding, benefits, or exemptions, to the extent permissible under the Establishment Clause, shall not constitute a violation of this chapter. As used in this section, the term "granting", used with respect to government funding, benefits, or exemptions, does not include the denial of government funding, benefits, or exemptions.

LEY DE ASOCIACIONES RELIGIOSAS Y CULTO PÚBLICO DE MÉXICO*

Título Primero
Disposiciones Generales

ART. 1. La presente ley, fundada en el principio histórico de la separación del Estado y las Iglesias, así como en la libertad de creencias religiosas, es reglamentaria de las disposiciones de la Constitución Política de los Estados Unidos Mexicanos en materia de asociaciones, agrupaciones religiosas, iglesias y culto público. Sus normas son de orden público y de observancia general en el territorio nacional.

Las convicciones religiosas no eximen en ningún caso del cumplimiento de las leyes del país. Nadie podrá alegar motivos religiosos para evadir las responsabilidades y obligaciones prescritas en las leyes.

ART. 2. El Estado mexicano garantiza en favor del individuo, los siguientes derechos y libertades en materia religiosa:

a) Tener o adoptar la creencia religiosa que más le agrade y practicar, en forma individual o colectiva, los actos de culto o ritos de su preferencia.

b) No profesar creencias religiosas, abstenerse de practicar actos y ritos religiosos y no pertenecer a una asociación religiosa.

c) No ser objeto de discriminación, coacción u hostilidad por causa de sus creencias religiosas, ni ser obligado a declarar sobre las mismas.

No podrán alegarse motivos religiosos para impedir a nadie el ejercicio de cualquier trabajo o actividad, salvo en los casos previstos en éste y los demás ordenamientos aplicables.

d) No ser obligado a prestar servicios personales ni a contribuir con dinero o en especie al sostenimiento de una asociación, iglesia o cualquier otra agrupación religiosa, ni a participar o contribuir de la misma manera en ritos, ceremonias, festividades, servicios o actos de culto religioso.

e) No ser objeto de ninguna inquisición judicial o administrativa por la manifestación de ideas religiosas; y,

f) Asociarse o reunirse pacíficamente con fines religiosos.

---

* Publicada en el Diario Oficial de la Federación el 15 de julio de 1992.

ART. 3. El Estado mexicano es laico. El mismo ejercerá su autoridad sobre toda manifestación religiosa, individual o colectiva, sólo en lo relativo a la observancia de las leyes, conservación del orden y la moral públicos y la tutela de derechos de terceros. El Estado no podrá establecer ningún tipo de preferencia o privilegio en favor de religión alguna. Tampoco a favor o en contra de ninguna iglesia ni agrupación religiosa.

Los documentos oficiales de identificación no contendrán mención sobre las creencias religiosas del individuo.

ART. 4. Los actos del estado civil de las personas son de la exclusiva competencia de las autoridades en los términos que establezcan las leyes, y tendrán la fuerza y validez que las mismas les atribuyan.

La simple promesa de decir verdad y de cumplir las obligaciones que se contraen, sujeta al que la hace, en caso de que faltare a ella, a las sanciones que con tal motivo establece la ley.

ART. 5. Los actos jurídicos que contravengan las disposiciones de esta ley serán nulos de pleno derecho.

Título Segundo
De las asociaciones religiosas

Capítulo I
De su naturaleza, constitución y funcionamiento

ART. 6. Las iglesias y las agrupaciones religiosas tendrán personalidad jurídica como asociaciones religiosas una vez que obtengan su correspondiente registro constitutivo ante la Secretaría de Gobernación, en los términos de esta ley.

Las asociaciones religiosas se regirán internamente por sus propios estatutos, los que contendrán las bases fundamentales de su doctrina o cuerpo de creencias religiosas y determinarán tanto a sus representantes como, en su caso, a los de las entidades y divisiones internas que a ellas pertenezcan. Dichas entidades y divisiones pueden corresponder a ámbitos regionales o a otras formas de organización autónoma dentro de las propias asociaciones, según convenga a su estructura y finalidades, y podrán gozar igualmente de personalidad jurídica en los términos de esta ley.

Las asociaciones religiosas son iguales ante la ley en derechos y obligaciones.

ART. 7. Los solicitantes del registro constitutivo de una asociación religiosa deberán acreditar que la iglesia o la agrupación religiosa:

I.- Se ha ocupado, preponderantemente, de la observancia, práctica, propagación, o instrucción de una doctrina religiosa o de un cuerpo de creencias religiosas;

II.- Ha realizado actividades religiosas en la República mexicana por un mínimo de 5 años y cuenta con notorio arraigo entre la población, además de haber establecido su domicilio en la República;

III.- Aporta bienes suficientes para cumplir con su objeto;

IV.- Cuenta con estatutos en los términos del párrafo segundo del artículo 6; y,

V.- Ha cumplido en su caso, lo dispuesto en las fracciones I y II del artículo 27 de la Constitución.

Un extracto de la solicitud del registro al que se refiere este precepto deberá publicarse en el Diario Oficial de la Federación.

ART. 8. Las asociaciones religiosas deberán:

I.- Sujetarse siempre a la Constitución y a las leyes que de ella emanan, y respetar las instituciones del país; y,

II.- Abstenerse de perseguir fines de lucro o preponderantemente económicos.

III.- Respetar en todo momento los cultos y doctrinas ajenos a su religión, así como fomentar el diálogo, la tolerancia y la convivencia entre las distintas religiones y credos con presencia en el país.

ART. 9. Las asociaciones religiosas tendrán derecho en los términos de esta ley y su reglamento, a:

I.- Identificarse mediante una denominación exclusiva;

II.- Organizarse libremente en sus estructuras internas y adoptar los estatutos o normas que rijan su sistema de autoridad y funcionamiento, incluyendo la formación y designación de sus ministros;

III.- Realizar actos de culto público religioso, así como propagar su doctrina, siempre que no se contravengan las normas y previsiones de éste y demás ordenamientos aplicables;

IV.- Celebrar todo tipo de actos jurídicos para el cumplimiento de su objeto siendo lícitos y siempre que no persigan fines de lucro;

V.- Participar por sí o asociadas con personas físicas o morales en la constitución, administración, sostenimiento y funcionamiento de instituciones de asistencia privada, planteles educativos e instituciones de salud, siempre que no persigan fines de lucro y sujetándose además de a la presente, a las leyes que regulan esas materias.

VI.- Usar en forma exclusiva, para fines religiosos, bienes propiedad de la nación, en los términos que dicte el reglamento respectivo; y,

VII.- Disfrutar de los demás derechos que les confieren ésta y las demás leyes.

ART. 10. Los actos que en las materias reguladas por esta ley lleven a cabo de manera habitual persona, o iglesias y agrupaciones religiosas sin contar con el registro constitutivo a que se refiere el artículo 6, serán atribuidos a las personas físicas, o morales en su caso, las que estarán sujetas a las obligaciones establecidas en este ordenamiento. Tales iglesias y agrupaciones no tendrán los derechos a que se refieren las fracciones IV, V, VI y VII del artículo 9 de esta ley y las demás disposiciones aplicables.

Las relaciones de trabajo entre las asociaciones religiosas y sus trabajadores se sujetarán a lo dispuesto por la legislación laboral aplicable.

Capítulo II
De sus asociados, ministros de culto y representantes

ART. 11. Para los efectos del registro a que se refiere esta ley, son asociados de una asociación religiosa los mayores de edad, que ostenten dicho carácter conforme a los estatutos de la misma.

Los representantes de las asociaciones religiosas deberán ser mexicanos y mayores de edad y acreditarse con dicho carácter ante las autoridades correspondientes.

ART. 12. Para los efectos de esta Ley, se consideran ministros de culto a todas aquellas personas mayores de edad a quienes las asociaciones religiosas a que pertenezcan confieran ese carácter. Las asociaciones religiosas deberán notificar a la Secretaría de Gobernación su decisión al respecto. En caso de que las asociaciones religiosas omitan esa notificación, o en tratándose de iglesias o agrupaciones religiosas, se tendrán como ministros de culto a quienes ejerzan en ellas como principal ocupación, funciones de dirección, representación u organización.

ART. 13. Los mexicanos podrán ejercer el ministerio de cualquier culto. Igualmente podrán hacerlo los extranjeros siempre que comprueben su legal internación y permanencia en el país y que su calidad migratoria no les impida la realización de actividades de tipo religioso, en los términos de la Ley General de Población.

ART. 14. Los ciudadanos mexicanos que ejerzan el ministerio de cualquier culto, tienen derecho al voto en los términos de la legislación electoral aplicable. No podrán ser votados para puestos de elección popular, ni podrán desempeñar cargos públicos superiores, a menos que se separen formal, material y definitivamente de su ministerio cuando menos cinco años en el primero de los casos, y tres en el segundo, antes del día de la elección de que se trate o de la aceptación del cargo respectivo. Por lo que toca a los demás cargos, bastarán seis meses.

Tampoco podrán los ministros de culto asociarse con fines políticos ni realizar proselitismo a favor o en contra de candidato, partido o asociación política alguna.

La separación de los ministros de culto deberá comunicarse por la asociación religiosa o por los ministros separados, a la Secretaría de Gobernación dentro de los treinta días siguientes al de su fecha. En caso de renuncia el ministro podrá acreditarla, demostrando que el documento en que conste fue recibido por un representante legal de la asociación religiosa respectiva.

Para efectos de este artículo, la separación o renuncia de ministro contará a partir de la notificación hecha a la Secretaría de Gobernación.

ART. 15. Los ministros de culto, sus ascendientes, descendientes, hermanos, cónyuges, así como las asociaciones religiosas a las que aquellos pertenezcan, serán incapaces para heredar por testamento, de las personas a quienes los propios ministros hayan dirigido o auxiliado espiritualmente y no tengan parentesco dentro del cuarto grado, en los términos del artículo 1325 del Código Civil para el Distrito Federal en materia común y para toda la República en Materia Federal.

Capítulo III
De su régimen patrimonial

ART. 16. Las asociaciones religiosas constituidas conforme a la presente ley, podrán tener un patrimonio propio que les permita cumplir con su objeto. Dicho patrimonio, constituido por todos los bienes que bajo cualquier título adquieran, posean o administren, será exclusivamente el indispensable para cumplir el fin o fines propuestos en su objeto.

Las asociaciones religiosas y los ministros de culto no podrán poseer o administrar concesiones para la explotación de estaciones de radio, televisión o cualquier tipo de telecomunicación, ni adquirir, poseer o administrar cualquiera de los medios de comunicación masiva. Se excluyen de la presente prohibición las publicaciones impresas de carácter religioso.

Las asociaciones religiosas en liquidación podrán transmitir sus bienes, por cualquier título, a otras asociaciones religiosas. En el caso de que la liquidación se realice como consecuencia de la imposición de alguna de las sanciones previstas en el artículo 32 de esta ley, los bienes de las asociaciones religiosas que se liquiden pasarán a la asistencia pública. Los bienes nacionales que estuvieren en posesión de las asociaciones, regresarán, desde luego, al pleno dominio público de la nación.

ART. 17. La Secretaría de Gobernación resolverá sobre el carácter indispensable de los bienes inmuebles que pretendan adquirir por cualquier título las asociaciones religiosas. Para tal efecto emitirá declaratoria de procedencia en los casos siguientes:

I.- Cuando se trate de cualquier bien inmueble;

II.- En cualquier caso de sucesión, para que una asociación religiosa pueda ser heredera o legataria;

III.- Cuando se pretenda que una asociación religiosa tenga el carácter de fideicomisaria, salvo que la propia asociación sea la única fideicomitente; y,

IV.- Cuando se trate de bienes raíces respecto de los cuales sean propietarias o fideicomisarias, instituciones de asistencia privada, instituciones de salud o educativas, en cuya constitución, administración o funcionamiento, intervengan asociaciones religiosas por sí o asociadas con otras personas.

Las solicitudes de declaratorias de procedencia deberán ser respondidas por la autoridad en un término no mayor de cuarenta y cinco días; de no hacerlo se entenderán aprobadas.

Para el caso previsto en el párrafo anterior, la mencionada Secretaría deberá, a solicitud de los interesados, expedir certificación de que ha transcurrido el término referido en el mismo.

Las asociaciones religiosas deberán registrar ante la Secretaría de Gobernación todos los bienes inmuebles, sin perjuicio de cumplir con las demás obligaciones en la materia, contenidas en otras leyes.

ART. 18. Las autoridades y los funcionarios dotados de fe pública que intervengan en actos jurídicos por virtud de los cuales una asociación religiosa pretenda adquirir la propiedad de un bien inmueble, deberán exigir a dicha asociación el documento en el que conste la declaratoria de procedencia emitida por la Secretaría de Gobernación, o en su caso, la certificación a que se refiere el artículo anterior.

Los funcionarios dotados de fe pública que intervengan en los actos jurídicos antes mencionados, deberán dar aviso al registro público de la propiedad que corresponda, que el inmueble de que se trata habrá de ser destinado a los fines de la asociación, para que aquél realice la notación correspondiente.

ART. 19. A las personas físicas y morales así como a los bienes que esta ley regula, les serán aplicables las disposiciones fiscales en los términos de las leyes de la materia.

ART. 20. Las asociaciones religiosas nombrarán y registrarán ante la Secretaría de Desarrollo Social y el Consejo Nacional para la Cultura y las Artes, a los representantes responsables de los templos y de los bienes que sean monumentos arqueológicos, artísticos o históricos propiedad de la nación. Las mismas estarán obligadas a preservar en su integridad dichos bienes y a cuidar de su salvaguarda y restauración, en los términos previstos por las leyes.

Los bienes propiedad de la nación que posean las asociaciones religiosas, así como el uso al que los destinen, estarán sujetos a esta ley, a la Ley General de Bienes Nacionales y en su caso, a la Ley Federal sobre Monumentos y Zonas Arqueológicos, Artísticos e Históricos, así como a las demás leyes y reglamentación aplicables.

Título Tercero
De los actos religiosos de culto público

ART. 21. Los actos religiosos de culto público se celebrarán ordinariamente en los templos. Solamente podrán realizarse extraordinariamente fuera de ellos, en los términos de lo dispuesto en esta ley y en los demás ordenamientos aplicables.

Las asociaciones religiosas únicamente podrán, de manera extraordinaria, transmitir o difundir actos de culto religioso a través de medios masivos de comunicación no impresos, previa autorización de la Secretaría de Gobernación. En ningún caso, los actos religiosos podrán difundirse en los tiempos de radio y televisión destinados al Estado. En los casos mencionados en el párrafo anterior, los organizadores, patrocinadores, concesionarios o propietarios de los medios de comunicación, serán responsables solidariamente junto con la asociación religiosa de que se trate, de cumplir con las disposiciones respecto de los actos de culto público con carácter extraordinario.

No podrán celebrarse en los templos reuniones de carácter político.

ART. 22. Para realizar actos religiosos de culto público con carácter extraordinario fuera de los templos, los organizadores de los mismos deberán dar aviso previo a las autoridades federales, del Distrito Federal, estatales o municipales competentes, por lo menos quince días antes de la fecha en que pretendan celebrarlos, el aviso deberá indicar el lugar, fecha, hora del acto, así como el motivo por el que éste se pretende celebrar.

Las autoridades podrán prohibir la celebración del acto mencionado en el aviso, fundando y motivando su decisión, y solamente por razones de seguridad, protección de la salud, de la moral, la tranquilidad y el orden públicos y la protección de derechos de terceros.

ART. 23. No requerirán del aviso a que se refiere el artículo anterior:

I.- La afluencia de grupos para dirigirse a los locales destinados ordinariamente al culto;

II.- El tránsito de personas entre domicilios particulares con el propósito de celebrar conmemoraciones religiosas; y

III.- Los actos que se realicen en locales cerrados o en aquellos en que el público no tenga libre acceso.

ART. 24. Quien abra un templo o local destinado al culto público deberá dar aviso a la Secretaría de Gobernación en un plazo no mayor a treinta días hábiles a partir de la fecha de apertura. La observancia de esta norma, no exime de la obligación de cumplir con las disposiciones aplicables en otras materias.

Título Cuarto
De las Autoridades

ART. 25. Corresponde al Poder Ejecutivo Federal por conducto de la Secretaría de Gobernación la aplicación de esta ley. Las autoridades estatales y municipales, así como las del Distrito Federal, serán auxiliares de la Federación en los términos previstos en este ordenamiento.

Las autoridades federales, estatales y municipales no intervendrán en los asuntos internos de las asociaciones religiosas.

Las autoridades antes mencionadas no podrán asistir con carácter oficial a ningún acto religioso de culto público, ni a actividad que tenga motivos o propósitos similares. En los casos de prácticas diplomáticas, se limitarán al cumplimiento de la misión que tengan encomendada, en los términos de las disposiciones aplicables.

ART. 26. La Secretaría de Gobernación organizará y mantendrá actualizados los registros de asociaciones religiosas y de bienes inmuebles que por cualquier título aquellos posean o administren.

ART. 27. La Secretaría de Gobernación podrá establecer convenios de colaboración o coordinación con las autoridades estatales en las materias de esta ley.

Las autoridades estatales y municipales recibirán los avisos respecto a la celebración de actos religiosos de culto público con carácter extraordinario, en los términos de esta ley y su reglamento. También deberán informar a la Secretaría de Gobernación sobre el ejercicio de sus facultades de acuerdo a lo previsto por esta ley, su reglamento y, en su caso, al convenio respectivo.

ART. 28. La Secretaría de Gobernación está facultada para resolver los conflictos que se susciten entre asociaciones religiosas, de acuerdo al siguiente procedimiento:

I.- La asociación religiosa que se sienta afectada en sus intereses jurídicos presentará queja ante la Secretaría de Gobernación;

II.- La Secretaría recibirá la queja y emplazará a la otra asociación religiosa para que conteste en el término de diez días hábiles siguientes a aquél en que fue notificada, y la citará a una junta de avenencia, que deberá celebrarse dentro de los treinta días siguientes a la fecha en que se presentó la queja;

III.- En la junta de avenencia, la Secretaría exhortará a las partes para lograr una solución conciliatoria a la controversia y, en caso de no ser esto posible, la nombren árbitro de estricto derecho; y,

IV.- Si las partes optan por el arbitraje, se seguirá el procedimiento que previamente se haya dado a conocer a éstas; en caso contrario, se les dejarán a salvo sus derechos para que los hagan valer ante los Tribunales competentes, en términos del artículo 104, fracción I, Apartado A de la Constitución Política de los Estados Unidos Mexicanos.

El procedimiento previsto en este artículo no es requisito de procedibilidad para acudir ante los tribunales competentes.

Título Quinto
De las infracciones y sanciones y del recurso de revisión

Capítulo I
De las infracciones y sanciones

ART. 29. Constituyen infracciones a la presente ley, por parte de los sujetos a que la misma se refiere:

I.- Asociarse con fines políticos, así como realizar proselitismo o propaganda de cualquier tipo a favor o en contra de candidato, partido o asociación política algunos;

II.- Agraviar a los símbolos patrios o de cualquier modo inducir a su rechazo;

III.- Adquirir, poseer o administrar las asociaciones religiosas, por sí o por interpósita persona, bienes y derechos que no sean, exclusivamente, los indispensables para su objeto, así como concesiones de la naturaleza que fuesen;

IV.- Promover la realización de conductas contrarias a la salud o integridad física de los individuos;

V.- Ejercer violencia física o presión moral, mediante agresiones o amenazas, para el logro o realización de sus objetivos;

VI.- Ostentarse como asociación religiosa cuando se carezca del registro constitutivo otorgado por la Secretaría de Gobernación;

VII.- Destinar los bienes que las asociaciones adquieran por cualquier título, a un fin distinto del previsto en la declaratoria de procedencia correspondiente;

VIII.- Desviar de tal manera los fines de las asociaciones que éstas pierdan o menoscaben gravemente su naturaleza religiosa;

IX.- Convertir un acto religioso en reunión de carácter político;

X.- Oponerse a las leyes del País o a sus instituciones en reuniones públicas;

XI.- Realizar actos o permitir aquellos que atenten contra la integridad, salvaguarda y preservación de los bienes que componen el patrimonio cultural del país, y que están en uso de las iglesias, agrupaciones o asociaciones religiosas, así como omitir las acciones que sean necesarias para lograr que dichos bienes sean preservados en su integridad y valor; y,

XII.- Las demás que se establecen en la presente ley y otros ordenamientos aplicables.

ART. 30. La aplicación de las sanciones previstas en esta ley, se sujetará al siguiente procedimiento:

I.- El órgano sancionador será una comisión integrada por funcionarios de la Secretaría de Gobernación conforme lo señale el Reglamento y tomará sus resoluciones por mayoría de votos;

II.- La autoridad notificará al interesado de los hechos que se consideran violatorios de la ley, apercibiéndolo para que dentro de los quince días siguientes al de dicha notificación comparezca ante la comisión mencionada para alegar lo que a su derecho convenga y ofrecer pruebas; y,

III.- Una vez transcurrido el término referido en la fracción anterior, haya comparecido o no el interesado, dicha comisión dictará la resolución que corresponda.

En caso de haber comparecido, en la resolución se deberán analizar los alegatos y las pruebas ofrecidas.

ART. 31. Las infracciones a la presente ley se sancionarán tomando en consideración los siguientes elementos:

I.- Naturaleza y gravedad de la falta o infracción;

II.- La posible alteración de la tranquilidad social y el orden público que suscite la infracción;

III.- Situación económica y grado de instrucción del infractor; y,

IV.- La reincidencia, si la hubiere.

ART. 32. A los infractores de la presente ley se les podrá imponer una o varias de las siguientes sanciones, dependiendo de la valoración que realice la autoridad de los aspectos contenidos en el artículo precedente:

I.- Apercibimiento;

II.- Multa de hasta veinte mil días de salario mínimo general vigente en el Distrito Federal;

III.- Clausura temporal o definitiva de un local destinado al culto público;

IV.- Suspensión temporal de derechos de la asociación religiosa en el territorio nacional o bien en un Estado, municipio o localidad; y,

V.- Cancelación del registro de asociación religiosa.

La imposición de dichas sanciones será competencia de la Secretaría de Gobernación, en los términos del artículo 30.

Cuando la sanción que se imponga sea la clausura definitiva de un local propiedad de la nación destinado al culto ordinario, la Secretaría de Desarrollo Social, previa opinión de la de Gobernación, determinará el destino del inmueble en los términos de la ley de la materia.

Capítulo II
Del recurso de revisión

ART. 33. Contra los actos o resoluciones dictados por las autoridades en cumplimiento de esta ley se podrá interponer el recurso de revisión, del que conocerá la Secretaría de Gobernación. El escrito de interposición del recurso deberá ser presentado ante dicha dependencia o ante la autoridad que dictó el acto o resolución que se recurre, dentro de los veinte días hábiles siguientes a aquel en que fue notificado el acto o resolución recurrida. En este último caso, la autoridad deberá remitir, a la Secretaría mencionada, en un término no mayor de diez días hábiles, el escrito mediante el cual se interpone el recurso y las constancias que, en su caso, ofrezca como pruebas el recurrente y que obren en poder de dicha autoridad.

Sólo podrán interponer el recurso previsto en esta ley, las personas que tengan interés jurídico que funde su pretensión.

ART. 34. La autoridad examinará el recurso y si advierte que éste fue interpuesto extemporáneamente lo desechará de plano.

Si el recurso fuere oscuro o irregular, requerirá al recurrente para que dentro de los diez días siguientes a aquel en que se haya notificado el requerimiento aclare su recurso, con el apercibimiento que en caso de que el recurrente no cumplimente en tiempo la prevención, se tendrá por no interpuesto el recurso.

La resolución que se dicte en el recurso podrá revocar, modificar o confirmar la resolución o acto recurrido.

ART. 35. En el acuerdo que admita el recurso se concederá la suspensión de los efectos del acto impugnado siempre que lo solicite el recurrente y lo permita la naturaleza del acto, salvo que con el otorgamiento de la suspensión se siga perjuicio al interés social, se contravengan disposiciones de orden público o se deje sin materia el recurso. Cuando la suspensión pudiera ocasionar daños o perjuicios a terceros, se fijará el monto de la garantía que deberá otorgar el recurrente para reparar los daños e indemnizar los perjuicios que se causaren en caso de no obtener resolución favorable en el recurso.

ART. 36. Para los efectos de este título, a falta de disposición expresa y en lo que no contravenga esta ley se aplicará supletoriamente el Código Federal de Procedimientos Civiles.

Transitorios

ART. Primero. La presente ley entrará en vigor al día siguiente de su publicación en el Diario Oficial de la Federación.

ART. Segundo. Se abrogan la Ley Reglamentaria del Artículo 130 de la Constitución Federal, publicada en el Diario Oficial de la Federación el 18 de enero de 1927; la Ley que reglamenta el séptimo párrafo del artículo 130 Constitucional, relativa al número de sacerdotes que podrán ejercer en el Distrito o Territorio Federales, publicada en el Diario Oficial de la Federación el 30 de diciembre de 1931; la Ley que reforma el Código Penal para el Distrito y Territorios Federales, sobre delitos del fuero común y para toda la República sobre delitos contra la Federación, publicada en el Diario Oficial de la Federación el 2 de julio de 1926; así como el Decreto que establece el plazo dentro del cual puedan presentarse solicitudes para encargarse de los templos que se retiren del culto, publicado en el Diario Oficial de la Federación el 31 de diciembre de 1931.

ART. Tercero. Se derogan las disposiciones de la Ley de Nacionalización de Bienes, reglamentaria de la fracción II del Artículo 27 Constitucional, publicada en el Diario Oficial de la Federación el 31 de diciembre de 1940, así como las contenidas en otros ordenamientos, cuando aquellas y éstas se opongan a la presente ley.

ART. Cuarto. Los juicios y procedimientos de nacionalización que se encontraren pendientes al tiempo de la entrada en vigor del presente Ordenamiento, continuarán tramitándose de acuerdo con las disposiciones aplicables de la Ley de Nacionalización de Bienes, reglamentaria de la fracción II del artículo 27 Constitucional, publicada en el Diario Oficial de la Federación el 31 de diciembre de 1940.

ART. Quinto. En tanto se revisa su calidad migratoria, los extranjeros que al entrar en vigor esta ley se encuentren legalmente internados en el país podrán actuar como ministros del culto, siempre y cuando las iglesias y demás agrupaciones religiosas les reconozcan ese carácter, al formular su solicitud de registro ante la Secretaría de Gobernación o bien los ministros interesados den aviso de tal circunstancia a la misma Secretaría.

ART. Sexto. Los bienes inmuebles propiedad de la nación que actualmente son usados para fines religiosos por las iglesias y demás agrupaciones religiosas, continuarán destinados a dichos fines, siempre y cuando las mencionadas iglesias y agrupaciones soliciten y obtengan en un plazo no mayor de un año, a partir de la entrada en vigor de esta ley, su correspondiente registro como asociaciones religiosas.

ART. Séptimo. Con la solicitud de registro, las iglesias y las agrupaciones religiosas presentarán una declaración de los bienes inmuebles que pretendan aportar para integrar su patrimonio como asociaciones religiosas.

La Secretaría de Gobernación, en un plazo no mayor de seis meses a partir de la fecha del registro constitutivo de una asociación religiosa, emitirá declaratoria general de procedencia, si se cumplen los supuestos previstos por la ley. Todo bien inmueble que las asociaciones religiosas deseen adquirir con posterioridad al registro constitutivo, requerirá la declaratoria de procedencia que establece el artículo 17 de este Ordenamiento.